零售

畅销秘籍

[日] 本多利范 著
姚山宏 译

中信出版集团 | 北京

图书在版编目（CIP）数据

零售畅销秘籍 /（日）本多利范著；姚山宏译 .-- 北京：中信出版社，2019.9
ISBN 978-7-5217-0596-6

Ⅰ . ①零…　Ⅱ . ①本…②姚…　Ⅲ . ①零售业 - 商业经营　Ⅳ . ①F713.32

中国版本图书馆CIP数据核字（2019）第093457号

零售畅销秘籍

著　　者：[日] 本多利范
译　　者：姚山宏
出版发行：中信出版集团股份有限公司
（北京市朝阳区惠新东街甲4号富盛大厦2座　邮编　100029）
承 印 者：中国电影出版社印刷厂

开　　本：880mm × 1230mm　1/32　　印　　张：7.25　　字　　数：120千字
版　　次：2019年9月第1版　　印　　次：2019年9月第1次印刷
京权图字：01-2019-2780　　广告经营许可证：京朝工商广字第8087号
书　　号：ISBN 978-7-5217-0596-6
定　　价：48.00元

目　录

CONTENTS

第二章 销售能力培养 构建畅销的店铺

第三章 应变能力培养 洞察世界上的种种变化

前　言

怎样才能把商品卖出去呢?

怎样才能不断推出畅销商品呢?

为了得到答案，在过去的人生中，我一直在不断地思考。

我曾经在 7-11 日本公司工作了 20 年。在这 20 年中，我一直追随后来被称为“流通之神”的铃木敏文先生。从 7-11 日本公司离职以后，我把在这家公司学到的工作方法不断运用于海外、其他行业、其他连锁便利店集团的工作实践中。时至今日，我认为自己终于找到了答案。

抓住顾客的心实在是一件困难的事情。在顾客的脑海中，总是有各种各样的因素错综复杂地交织在一起。经济状况、当天的身体状况、季节、天气等都会影响顾客的购物欲望。

顾客既会有从众多的商品中，自己选择出最好的一款商品的想法，也会有选择很麻烦，随便抓一款产品放进购物篮就算了的想法，这两种想法在顾客的头脑中同时存在。这也正是顾客的一个特点。

有些人原本想要省钱而走进百元店[①]，却在不知不觉中买了几千日元的东西；有些人明明正在减肥，却买了油炸土豆片。像这样，人们自相矛盾的行为不胜枚举。

洞察人们的想法，不断推出畅销商品就是我的工作。可以说，和消费者的心理——这种比竞争对手更难对付的对手一拼高下就是我的工作。

在本书中，根据自己的经历，我总结出许多推出畅销商品的秘诀。不过，我不是只面向便利店行业，而是面向包括便利店行业在内的所有流通行业的商业人士写下这本书的。我认为这本书对于超市、餐饮、个体茶馆、书店、汽车厂商、酒店等行业的从业者也应该会有所帮助。

在本书中，我给大家讲述了许许多多我经历过的生活插曲，这中间存在一个重要的东西，也是贯穿所有事物的本质性的东西。

这个本质性的东西就是“应变能力”。

---

① 百元店内商品的售价均为100日元，按照现行汇率，约合6.2元人民币。——译者注

人世的变化、消费者的变化、社会结构的变化、趋势的变化、气候的变化、公司的变化等，世界上存在各种各样的变化。但是，我敢断言：如果你具备了能够适应一切变化的灵活的思考能力、构思能力、挑战能力，将会成为畅销商品的创造者。

在经济高速增长期（1955—1973 年），日本国内出现了许许多多的畅销商品。当时从食物、服装、电子产品、音乐到发型，人们都在追求相同的东西。在供应短缺的背景下，在大量生产、大量消费的过程中，畅销商品是比较容易产生的。

可是，进入平成时代（1989 年 1 月 8 日—2019 年 4 月 30 日）以后，情况发生了变化。商品供应充足，人们的喜好、价值观呈现多样化的发展趋势。对于我们这些从事商品生产、销售的人来说，消费者的需求变得难以把握了。

不过，消费者并不是不再需要任何商品了，而是根据多种多样的价值观来寻求某些商品。把连消费者本人都不知道、没见过的商品呈现在他们面前，就是我的工作。

我经常用“那头猪、这头猪”的说法来说明这种情况。

在一个大型围栏里，有 100 头猪。有位顾客从围栏外面看着这些猪。假如我是卖家，我会问：“你会花多少钱买那边的那头猪？”如果你对猪缺乏认识，不能辨别围栏内猪的品质的好坏，有可能会稀里糊涂地接受卖家的报价。反之，如果掌握着有关猪的丰富知识，对猪的品质非常了解的话，你会怎么做？

是的，想必你会问“这头猪多少钱”，进而逐步与卖家进行议价吧。

举一个便利店的例子。以前人们“制作分量十足的烤肉盒饭吧”“这样做会畅销的”之类的想法，属于“那头猪”级别的想法。相反，对于猪肉的产地、烹调方法、出售时间、产品包装等细节都有追求的杰作，则属于“这头猪”级别的想法。

时代是不断发展变化的。所以，在任何行业，想要依靠以前的方式不断推出畅销商品的想法是不现实的。基于“制造那类商品”而不是“制造这类商品”之类的精准构思是无法推出能够打动顾客内心的畅销商品的。所谓打动顾客内心，就是要刺激到顾客的内心。我们要想推出能让顾客在心里惊呼“就是这个”“一直想要这个”之类的商品，就必须培养思考能力。那如何培养思考能力呢，阅读完这本书之后你就明白了。

犹如水从山上流下，汇入大海，智慧总是青睐率真的人。对自己的才能充满信心当然是好事，但是如果不能率真地倾听别人的意见、经历、灵感、教诲的话，我们今后的发展将会是非常有限的。至少令我尊敬的企业家们都是能够非常率真地倾听别人意见的，在这方面我也不断地告诫自己。

我认为有关畅销商品的线索就隐藏在别人的话语之中。最后，我衷心期待各位读者能开发出越来越多的畅销商品。

第一章

商品开发能力培养

——针对商品『畅销』的思考——

那个产品能实现“畅销化”吗

假设有一位商品开发部的人士在一家意大利餐厅吃到了味道绝佳的海胆奶油意大利面。他心想：“这个好吃！在便利店可以卖。”于是，他提交了推出 1500 日元一份的海胆奶油意大利面的产品建议。

或者假设他被在百货商店销售的那种高档中式包子的味道打动，进而研究出使用同样高档食材的中式包子的配方，并把包子的价格定为 800 日元一个。

那么，这样的产品会畅销吗？

你会买吗？

很遗憾，我是不会买的。

更准确地说，我可能会出于好奇买一次，但不会天天购买。

不论如何好吃，1500 日元一份的意大利面、800 日元一个的包子，都是不该在便利店销售的商品。食材、烹调方法、保存方法、容器等方面的困难自不必说，最大的问题是顾客并没有要求便利店销售那样贵的商品。即便这样的商品再美味，如果在便利店按照与专卖店同样的高价进行售卖的话，也是毫无意义的。

从事商品开发工作的人偶尔会仅仅以“这个现在很流行”

为理由提出一些新商品开发建议。而这样的新商品即使开发出来了，也是卖不掉的。

现在，社会上的人都在谈论什么？人们都在追求什么？对于从事提供商品、服务工作的人士来说，有必要一直对这些问题保持关注。但是，仅仅有创意还远远不够。

能否通过钻研把创意转化成我们的优势产品才是重要的。我们向顾客展示商品的美味、打动人心、令人惊奇之处的过程，就是把商品“畅销化”的过程。对我而言，就是要解决如何在便利店让商品畅销的问题。

在这一章中，我主要想从商品开发的角度给大家讲一讲“畅销化”的诀窍。我们不能无视社会上流行的事物。如果一直保持追赶第一名的状态的话，那自己永远只能停留在第二名的位置。不只是在便利店行业，在任何行业，我们在开发商品时，都必须先要回答“这个商品究竟是为谁开发的”问题。

产品通过“畅销化”而成为商品

日本人酷爱美食。尤其是在年轻人中间，有关美食、美食店的信息一下子就会传播开来。在青山、涩谷、代官山、原宿、六本木、银座、新宿等地[①]不断有面向年轻人的新店开业，这些信息一经杂志、SNS（社交网络服务）报道，店门口就会排起长队。

专营华夫饼、冰激凌、甜甜圈、松饼、三明治、素食、沙拉、现榨蔬菜汁的新店不断出现。对于味道和使用食材都非常讲究、在其他地方吃不到的食品，日本人都有一种即使排队也要品尝一下的好奇心。

我们不能无视这样的潮流。把握社会上人们所追求事物的相关信息和制造类似的产品这两件事看似相似，本质上却并不相同。我们特意导入现在流行的东西，或者今后可能流行的东西而进行商品开发是否有意义？我们是否有必要这样做？如何打造有魅力的商品？这些方面的思考都是必不可少的。

反之，如果我们便利店从业者遇到特别想要销售的商品，就要摸索适合便利店的销售方法。以往，咖啡、炸鸡都被认为是专卖店的垄断商品，但是便利店通过自主开发而创造出与专卖店相匹敌的销售额的成功案例也不少。“因为我们不是专卖店所以不行”这种想法是不可取的。如何能让我们感兴趣的产品畅销呢？灵活的构思不可或缺。

① 这些地区都是东京具有代表性的繁华地段。——译者注

生产一些看似有市场的物品，然后拿去销售。以这种思维推出的物品只是“产品”而已。具有独创性的、人们为打开市场而绞尽脑汁的、能够使购买了它的顾客从心底感到愉悦的物品才能称为“商品”。

我们的工作不是仅仅推出“产品”，而是推出让人们感到愉悦的“商品”。这种自信非常重要。“产品”“商品”可以说是“畅销化”的关键词。

妥协的人与不妥协的人

下面给大家讲一讲很久以前我在 7-11 日本公司工作时遇到的一件事。在“畅销化”的方法、构思方面，追随当时的老板铃木敏文先生可以说令我受益匪浅。

当时，我很想在便利店里销售蛋糕。现在，日本任何一家便利店都有许多日式蛋糕、西式蛋糕等甜点在售卖。而当时的便利店还没有这类商品。

于是，我整理了资料，在一次新商品开发会议上提出了方案。听了我的方案，铃木先生极其冷淡地说：“你这是什么呀？这样不行。”

可是后来，他好像想到了什么，改变了想法，对我说："重新考虑一下，下周再来汇报。"之后的数周，我每周都去汇报。他虽然每次都说"不行""那样的东西卖不掉的"，但最后总是要求我"下次再来汇报"。

这样的汇报好像持续了 8 周。虽说我头脑中的创意好像已经枯竭了，但是因为铃木先生总是说"下周再来汇报"，我也不得不思考新的创意。

终于有一天，我看到了布丁，突然眼前一亮。我想："把放在蛋糕店玻璃柜里销售的那种质地细腻的蛋糕摆放到便利店里销售确实是一件困难的事。但是，如果推出布丁那样的装在塑料盒里的甜点会怎样呢？这种甜点外观很可爱，运输和销售也方便，这样的话，应该会畅销。"

刻不容缓，我马上找到铃木先生。铃木先生惊呼："这就对了！本多君，我没说错吧！"

这个事例听起来像笑话一样，但这样的交流在那以后也是家常便饭。通过这件事，我想告诉大家的是：从我自己的经历中，我学到了什么是"不妥协"。

对于大部分人来说，看到某种商品达到一定水平时就会放行，可是铃木敏文先生头脑中完全没有这种"一定水平"的概念。如果某种商品没有达到他所要求的水平，他绝对不会接受，不会允许生产、销售该商品。

铃木先生对所有事都是这样的态度，所以在他身边工作的人总是战战兢兢的。不过，我认为恰恰是这种不妥协的态度引领着 7-11 公司乃至日本的便利店行业成就了今天的辉煌。

回顾我的经历，我认为得出“我们公司不能销售 × × 商品”之类的结论是很容易的。但是仔细想一想，线索可能就隐藏在某个地方。

顾客来到店里的目的是什么

针对你所经营的店铺、提供的服务来思考，顾客的需求是什么呢？不管是做什么生意，一定存在可以代表那家店铺的核心商品或概念。我们有没有在认真理解这个核心的基础上，努力经营这个核心商品或概念呢？如果我们以“已经非常畅销了，足够了”为理由不去经营这个核心商品或概念，盲目地为扩展顾客群而扩大业务的话，就有必要停下来思考一下。

对便利店来说，核心商品是什么呢？便利店里有琳琅满目的商品，但是顾客购买频度最高的是饭团、盒饭、三明治、沙拉、意大利面等食品。

其他商品，如杂志、报纸、香烟、饮料、口香糖、糖果等，顾客即使不去便利店，在超市、车站小卖店也能买到。或者去其他连锁便利店购买，也不会有太大的差异。

如果有一些盒饭、饭团，只有去某个连锁便利店才能买到的话，那么对于这个连锁便利店来说，这些商品就是最重要的核心商品。

在许多光顾便利店的顾客的购买行为中，存在这样的规律：他们为了购买早餐、午餐吃的盒饭、饭团、三明治而来到店里，顺手还会购买香烟、饮料、杂志等其他商品。如果具有关键意义的食品不好吃的话，即使杂志、报纸、饮料、甜点等商品再丰富，也不会吸引顾客光顾店铺。

因为盒饭、饭团是我们自主开发的商品，所以利润比较高，这一点也直接体现在单店日均销售额上。可以说这类商品丰富与否，决定着各家连锁便利店的命运。

自主商品还是拼凑商品

现在，日本的便利店文化在亚洲各国迅速传播，其中食品的重要性也充分得到体现。

通常在亚洲各国，便利店开店初期的日销售额大约是 15 万至 20 万日元，可是在马来西亚，我们的日销售额却大大超过了这个水平。

为什么会这样呢？并不是马来西亚人对便利店有什么特殊的感情，原因在于我们在马来西亚的便利店所提供的食品非常丰富。

我从一开始就参与了马来西亚项目，并进行了认真的指导。我们对当地市场进行了彻底的调查，掌握了当地消费者所喜爱的食品的信息。在对食品配方进行反复试验之后，我们建立了工厂和相关设施，开设了便利店。那时，当地有法棍三明治，没有日式的那种质地蓬松的三明治。于是，我们引进了口感考究的软式面包，还推出了冰激凌等招牌商品。

在各种食品中，最畅销的要数关东煮了。顾客可以品尝到日式高汤和泰式冬阴功汤这两种口味的高汤。可能是因为马来西亚当地人本来就有用鱼泥做菜的习惯吧，他们很容易就接受了关东煮。一些关东煮畅销的店铺甚至还专门设置了一名关东煮专员。

相反，在一些国家，各家店铺的平均销售额却不尽如人意。

同属一个连锁便利店集团，但日均销售额却不佳，这是什么原因呢？其实原因很简单，就是店主没有在食品上下功夫。

比如，在某个国家，便利店的数量虽然很多，却没有专门的食品工厂。便利店方面只是把这个国家已有的众多商品拼凑一下摆放在店里销售而已。这确实是家便利的店铺。来到这家店里，从甜点、饮料、香烟到报纸，各种商品可说是一应俱全。可是，这些商品在其他商店也同样可以买到，并没有不来这家店就享受不到的极品。

不仅是连锁便利店集团，所有进军海外的企业都应该注意到，只要把招牌带到海外，商品就会畅销的想法是错误的。那么，怎样才能实现畅销呢？单纯地把自己的方式强加给当地人，当地人会不会高兴呢？我不清楚。反之，如果只是对当地现有商品进行拼凑的话，就失去了进军海外的意义。如何利用自己的技术、秘诀、工作方式等特色，努力为当地的人们提供受欢迎的商品、空间、服务呢？思考这个问题就是我们的工作。

再次强调一下，仅仅把杂七杂八的商品往店铺里一摆就万事大吉，这样的店铺貌似很便利，却是一个没有目标人群的店铺。光顾这家店铺的顾客最想要的是什么？为了回答这个问题，我们必须事先确定我们可以为之自豪的主打商品。

你“每天都想喝”的咖啡是什么样的

这些年，在便利店行业，柜台咖啡的销售额不断上升。以往，便利店售卖的咖啡通常是指罐装咖啡、冷藏咖啡。2013 年以后，各大连锁便利店集团开始使用设在收银台旁边的咖啡机为顾客提供现磨咖啡，进而掀起了一大热潮。

前面讲过，原封不动地引进专卖店的商品是无法实现畅销的。可以说，引进现磨咖啡是便利店行业长期以来的一个愿望。这个想法虽然很早以前就已产生，并历经反复试验，但最终都因为种种原因而未能取得成功。

对于便利店来说，设置咖啡服务专员是不现实的。而事先冲泡好大量的咖啡，有顾客购买时，再把咖啡用纸杯提供给顾客的做法会导致现磨咖啡味道变酸。虽说是在便利店，却能品尝到不亚于专卖店的咖啡，这一点非常重要。

各大连锁便利店集团为了攻克“现磨”“好喝”“廉价”“冲泡快”等难题进行了不懈的研究，最终 7-11 公司经过数次尝试之后，正式开始销售咖啡。其他各大连锁便利店集团也不得不将咖啡项目仓促上马。

可是，如果按照“7-11 公司已经开始售卖咖啡了，那么我们也开始卖”的逻辑的话，后者的行为就仅仅是前者的翻版而已。所以，就有必要开发出“只有在我们连锁便利店才能品尝到的”味道，进行味道的差别化。

我们针对“为什么便利店一定要卖咖啡呢”“谁会喝便利店的咖啡呢”“什么样的咖啡是最好喝的咖啡呢”这些问题进行了反复、彻底的讨论。

7-11 公司在全日本拥有 1 万多家便利店。在这些便利店同时开始销售咖啡的难点在于如何回答“什么样的咖啡才是好喝的咖啡”这个最基本的问题。这也是所有嗜好品都面临的问题。咖啡是消费者每天都会饮用的成瘾性很高的饮品。所以，对于便利店来说，如果抓住了顾客就能维持稳定的利润。反之，如果不能得到广大消费者认可的话，就只会被抛弃。

在这个世界上，有人喜欢酸味比较强的咖啡，有人喜欢味道浓郁的咖啡，有人只喝黑咖啡，有人喝咖啡总会放牛奶，有人喜欢挂耳咖啡，有人喜欢用特浓咖啡机冲泡的卡布奇诺。

总而言之，众人的喜好可谓千差万别。“这样做的话，所有人都会接受”之类的答案是不存在的。我们也不能像专卖店那样，提供许多种咖啡豆和冲泡方式供顾客选择。我们必须确定好咖啡豆混合方案和咖啡的萃取方案，这是咖啡项目的基本事项。于是，公司内部员工分成许多派系，并展开了讨论，但结果却莫衷一是。

最后，我们决定采用危地马拉、巴西产咖啡豆混合的方案，和在正宗咖啡消费地——占欧洲最大市场份额的德国产特浓咖啡机进行萃取的方案。

使用特浓咖啡机最大的好处是可以加入大量的牛奶，冲泡出美味的拿铁咖啡。当时我们的便利店多集中在市中心区域，年轻的女性顾客很多。女性顾客中喜欢拿铁咖啡、卡布奇诺的人比较多，所以，我们也希望能提供她们喜爱的咖啡。

从结果来看，我们的决定是正确的。之所以这样说，是因为我们不仅受到以往经常光顾便利店的顾客的好评，还将一部分从不光顾便利店的人发展成我们便利店的新顾客。前面我曾经说过，咖啡是一种成瘾性很高的饮品。如果顾客养成每天早晨购买、饮用咖啡的习惯，有助于我们销售额的稳定。如果顾客再顺便买一些面包、甜点、杂志的话，对我们的销售额还会产生附加效应。

由于使用的咖啡机可以处理牛奶，后来我们利用这一点开发出了抹茶拿铁、奶茶、可可奶，作为夏季饮品的咖啡冰沙、奶茶冰沙等新的招牌商品。仅仅出于“现在这个在社会上很流行”“竞争对手的店已经开始销售这个了”之类的动机就推出新商品的话，可能会失败。此时，我们有必要按捺自己的情绪，明确一下“我们究竟为什么要推出这个商品呢”“让谁来享用我们的商品呢”这些基本问题。

谁在购买这款商品

我以前参加药妆店的业务改革时曾经遇到过这样的事。在那之前我已经在便利店工作过很长时间，所以，我自以为对零售业、流通业的工作方式很了解了。但是，药妆店对我来说毕竟是一个新领域，我曾经在店里傻站了两个星期。后来，我觉得一直这样傻站着，只会浪费时间。于是，我开始一边拖地、擦玻璃、整理货架上的商品，一边观察顾客的行为规律。在什么时间段，什么层次的顾客会把什么商品拿在手上观察，之后把什么商品放回货架，最终买走了什么商品。针对这一切，我花费了一个个整天的时间进行了彻底、持续的观察。

通过观察，我掌握了大量的信息。店铺方面认为只要售价便宜，产品就会畅销，于是在店内的特价区堆放的洗洁精像小山一样。然而，出乎意料的是，家庭主妇们根本看都不看这个

“小山”一眼。

当今的时代不是“越便宜越好”的时代。人们通过电视广告、网络获取了很多有关商品的知识，各自的喜好也非常明确。而药妆店方面却出于“药妆店就应该设置特价区”的思维，不假思索地对商品进行堆放。尽管大部分商品卖不出去，都快落上灰尘了，人们依旧出于惰性继续着这种堆放行为。

“好商品只要价格便宜，顾客就一定会买”这种想法正确吗？

我想说，根本不针对到底是谁在买这款商品进行调查，而只是把商品往货架上一放就觉得大功告成，这种做法对于销售业绩的提升是没有任何意义的。

后来，我重新回到便利店行业工作。现在，T积分卡、乐天卡等在许多店通用的积分卡、电子储值卡越来越多。通过对这些卡的消费数据进行追踪，我们就可以越来越详细、准确地把握顾客的消费行为了。比如，住在市中心地区的30多岁的女性顾客会以什么频率购买什么商品？40多岁的男性顾客的购买行为是什么样的？这些庞大的数据在我们进行促销、商品开发时起到参考作用。

通过这些数据，我们了解到顾客人群也在发生变化。便利店诞生至今已有40多年。在此期间，顾客人群发生了变化。长期以来，便利店以学生、独居的年轻男性上班族为主要目标人群。这些年轻男性随着年龄的增加，现在已步入壮年。如今便利店的顾客人群除了他们以外，还涵盖了年轻女性、老年人、带着孩子的家庭主妇。

以往，只要面向年轻人进行商品开发就可以了，而现在必须要面向各种各样的人群，进行细致的商品开发。就盒饭来说，以往价廉量足的盒饭非常受欢迎。现在，我们需要向女性提供蔬菜丰富的菜汤，用各色菜肴点缀的令人愉悦的小型盒饭。负责商品开发的人也提出了各种各样的建议，诸如面向糖尿病人群要开发低糖盒饭，面向高龄人群要提供营养均衡的餐食，针对儿童也会食用的盒饭、熟食要尽量不使用添加剂、防腐剂等。

最近，我们经常听到人们谈论“随着少子化老龄化的发展，日本国内市场正在不断地萎缩”这样的话题。社会结构发生剧变的时候，恰恰也是巨大的机遇到来的时候。因为和以往市场不同的新的购买人群正在形成。

我们不需要考虑开发“面向所有人”的商品，但需要回答“这类商品是为谁开发的”这个问题。针对已经开发出来的商品，我们也不要说“迄今为止已经很畅销了”，并出于惰性而停留在例行公事地继续摆放商品的层面上，而应该从全新的视角对商品进行审视。

改变已有商品的切入点

人们常说现在我们处在一个“商品滞销”的时代。但是，我认为那不过是以往的商品不再畅销了而已，以后的商品不可能卖不掉。

一提到商品开发，我们总是倾向于“一定要推出以前市面上没有的商品”这种思维。其实，即使是已有的商品，如果可以通过改变切入点而满足新的消费人群的需求，依然能够实现畅销。

比如，烤红薯是一种很早以前就有的食品。如今，味道可口的红薯品种越来越多，在年轻人中间也非常受欢迎。

想象一下，在多少年前，那些被烤红薯小贩的喇叭中传来的“卖石头烤红薯啦”的叫卖声所吸引，跑到街上围绕在小贩的两轮小车周围的小朋友们，如今正在超市里从纸箱中取出烤红薯往货架上摆货。这种例子实在是太多了。即便是已有的商品，通过改变销售方法、包装、创意等方面的努力，依然可以跟上时代的潮流。但是，这并不意味着本质上不好的商品只要配上漂亮的包装就能畅销。不过，只要商品本身好，外观无所谓的想法也是错误的。

以前在便利店销售的盒饭，都是厂家在盒中装好米饭和熟菜，从上向下用力盖上盒盖后出货的。这样做的结果是，虽然盒中的饭菜确实不会发生错位，但是会使饭菜变得很硬。

如今的顾客看惯了装饰漂亮的熟菜店、连细节都很可爱的盒饭。菜肴色彩丰富，把饭菜美观地装在漂亮的、食用方便的饭盒里已经成为现在的标准。即使是需要卡车运输的便利店盒饭也要注重美观。注意保证盒中的饭菜不要错位，那是生产商的工作，他们不会直接接触顾客。我们不能有“反正我们是便利店，这样就行了”“反正售价便宜，这样就行了”之类的想法，在美观方面我们也应该有高的要求。

现在，有许多便利店把注重色彩的搭配、立体盛放的“家庭装”定为盒饭的标准款。

我们在收到别人给我们的礼物时，首先映入眼帘的是漂亮的包装。即使东西再精美，如果外观粗糙的话，我们也很难感受到送礼物人的心意。特别是食品，既是用舌头品尝的东西，又是用眼睛欣赏的东西。日餐细致的色彩感、西餐摆盘的美感等，我们在餐厅、怀石料理（日式的精致菜肴）店用餐时，可以学习的东西有很多很多。

增加同等商品是没有意义的

据说，如果把商品的品质、价格分为“松”“竹”“梅”三个等级的话，很多人会选择“竹”。在行为经济学中，这是一种叫作“金发女孩效应”的消费者心理。

如果一件商品有S、M、L三个尺寸的话，在回避极端选择，采取中庸选择的深层心理的作用下，很多人会选择M；如果有“松”“竹”“梅”三个档次的寿司的话，很多人不会选择廉价的“梅”和高价的“松”，而会选择居中的“竹”。利用人们的这种心理，店铺方面会在最想卖掉的商品的上下设置比较贵和比较便宜的两档，以诱导顾客在不知不觉中选择价格居中的商品。

我有一种和上述想法看似相近，但本质上并不同的看法。我认为增加同等商品是没有意义的。

假设在熟食店里有400日元左右的盒饭在销售，和只有3种相比，6种左右可能比较好吧。然而，同样档次的盒饭如果摆上20种、30种会怎么样呢？顾客真的期待我们这样做吗？

这样的话，顾客确实可以连续30天每天购买不同的盒饭。但是，这样做好像意义不大。顾客经常在外面用餐，对各种美食早已司空见惯。人们用晚餐、出席酒会时，能够吃到许许多多好吃的东西，所以在便利店、熟食店购买午餐时，可能不会那么在乎味道和品质，每次会购买相对比较固定的食品。

平时在餐费方面比较节省的人士，会在星期五或者工作告一段落的时候，想要品尝一下和平时不同的餐食，作为对自己的奖励。这可以说是我们消费者真实的写照吧。

对总是光顾某个店铺的顾客来说，一定是对某些供应稳定的廉价商品有需求吧。总是有这么一个寻求“既便宜又好吃”的盒饭的人群，这个人群是绝对不能失去的。

可是，面对有“虽然每天都吃着同样的盒饭，但是偶尔也想奢侈一下”的想法的顾客，提供高一个档次的商品的话，同样也会给他们带来一定的新鲜感吧。

我们不会采取只是为了诱导顾客去选择中间档次的“竹”而作为陪衬设置“松”“梅”的做法，我们的做法是，为了让顾客对三个选项都会有选择的意愿，我们赋予了每个选项更多的内涵。这才是真正的策略。

和熟菜店的情况相比，便利店的情况也是一样的。在空间狭小、可放置商品数量有限的便利店里，不可能仅仅为了诱导顾客去选择“竹”而作为陪衬设置“松”“梅”。我们必须以顾客无论“松”“竹”，还是“梅”都会选择作为前提，将“松”“竹”“梅”作为畅销商品准备好。

最后，我们决定分三个层次推出我们的食品。我把价格、食材、品质各不相同的三个商品群比作一座房子。

不要建平房，要建三层楼房

以往摆在便利店里销售的商品基本上都是廉价商品。

直至今日，我们公司内部依旧有人持有“便利店里销售的盒饭必须是用一枚硬币（500 日元）可以买到的”之类的观点，这大概算是过去的“遗风”吧。

如果把平铺摆放同一价格区间、品质相似的商品比作建平房的话，通过各异的价格、品质赋予备选项更多的内涵则相当于建三层楼房。

首先，在第一层，如同以往一样，针对注重价格的顾客以稳定的价格区间提供商品。比如，110 日元左右的饭团、300 日元左右的意大利面等就属于这类商品。梅菜饭团、雪菜饭团、三文鱼饭团、金枪鱼饭团等是顾客每天都想吃的常规品中的常规品。那不勒斯意大利面、肉酱意大利面、辣椒意大利面等的喜爱者也很多，具有一定的需求。

接着，在第二层，在顾客每天购买都能承受的价格区间，我们准备丰富的商品。我们推出价格在 140 日元左右的辣椒腌制明太鱼子饭团、葱花金枪鱼泥饭团、煎培根饭团、蛋包饭饭团等有特色的商品。意大利面的话，价格在 450 日元至 500 日元之间的属于这一层的商品。在这个价格区间，我们还可以提供蛤蜊意大利面、浓汤意大利面等使用应季食材制作的意大利面。

最后，在第三层，我们提供的是“每天都买的话买不起，但是，每周一次作为对自己的奖励还是买得起”的那些价格稍微有些贵的食品。比如，185 日元一个的饭团，对于在便利店销售的饭团来说属于非常贵的那种。在这款饭团中，配料我们使用了高档三文鱼腩肉，大米我们使用了鱼沼产的越光米。

至于意大利面，我们新开发了价格在 600 日元左右的系列商品。在便利店，这个价格是非常昂贵、少见的，以至于在公司内部“这么贵的东西谁会买呀”之类的反对之声相当多。不过，价格已经提高到了这个水平，我们可以不使用干意大利面而使用湿意大利面，我们可以使用海胆、牡蛎、牛前腿肉等高档食材。这些高档食材都是在一般商品上想用但不能用的。从这个角度来说，这确实是一次冒险尝试。

从结果来看，我们推出的“节日”系列商品非常畅销。

其实，顾客并没有每天都要吃不同食物的需求。我们回想一下自己的经历可能也会明白。或许有些意外，我们喜欢的东西基本上是固定的，作为补充，偶尔会想吃一些特别的东西。如果是这样的话，与其为了每天不重样而提供 30 种食品，不如为顾客提供偶尔奖励自己时所品尝的具有特色的食品，想必后者应该更能取悦顾客吧。

每逢月底，人们会想小小地奢侈一下

其他的零售领域也是一样的，每逢月底，便利店的销售额会上升。一般观点认为，便利店的商品单价都很低，发薪日对顾客的购买行为没有什么大的影响。但是实际上，顾客的家庭经济状况都如实地体现在了便利店的销售额上。因为即使是平时禁止自己过奢侈生活的人也会在领到工资之后允许自己小小地奢侈一下。

每逢发薪日、刚刚领取到奖金之后，或者退休金领取日，卖得最快的是香烟。近些年，随着香烟价格的大幅上涨以及政府控烟、禁烟措施的加强，烟民们越来越不能像以前那样自由自在地吸烟了。当发薪日等特殊日子到来的时候，很多烟民会欢欣雀跃地去买香烟。作为一个重度烟民，我非常理解他们的这种心情。

仅次于香烟的、卖得比较快的是用于在网上购买音乐作品的预付卡。音乐也可以算是一种嗜好品。平时，虽然很想欣赏更多的新曲，但是认为不能无节制地购买而隐忍着的顾客，会在领到工资、奖金之后购买预付卡。

通过对便利店里畅销商品的观察，完全可以洞若观火地了解现在人们的真实生活状态。如今，工资、奖金并不怎么上调，每天都能过着挥金如土生活的人绝对不多。恰恰因为是这样，偶尔的喘息、欢喜、感动使人们备感愉悦。

便利店是为顾客提供日常所需商品的店铺。正是因为这样，我们可以将承载着小小的惊喜、小小的奢侈的商品呈献给顾客。

很多顾客常常说“下班回家途中，在便利店买甜点对我来说是一种享受”，“买一些今晚小酌用的啤酒和熟菜吧”。

许多经常辗转于几个固定的咖啡厅、酒馆的顾客也会说：“一走进便利店，就会感到内心很放松。”我认为，商品本身的品质和新鲜感固然重要，但是如果能够为顾客提供“日常的欣喜”这种对任何人来说都不可或缺的精神食粮，对于我们生意人来说或许是最高兴的事了。

商品开发和促销就像汽车的两个车轮

话又说回来，对于生意来说，维持稳定的销售额是至关重要的。然而，有些商品我们原本以为会很畅销，但结果却没有预想的那么好，我们尤其要注意避免这种情况的发生。在这里，我给大家举一个失败的例子。这件事和前面提到的高档意大利面系列商品的上市有关。

作为高档意大利面系列商品第一款上市的是海胆奶油意大利面。海胆原本是无法引进到便利店的高档食材。这次，我们奢侈地使用了海胆，推出了给便利店行业带来巨大震撼的商品，引起了人们的热议。

食材本身昂贵，商品售价自然会贵。我们刻意对这一点进行宣传，希望让顾客意识到这款意大利面与其他普通意大利面的差异。包装我们也采用了具有高档质感的黑色容器。

然而，投入了如此多心血的商品，却完全没有进行促销宣传。某一天，这款商品被人随意摆到货架上，就再没人理睬了。

一天早晨，我和平时一样在去公司办公室之前先去店里逛了一下。我看到了摆放在货架上的海胆奶油意大利面。我所预期的热卖场面并没有出现。既没有电视广告、旗帜、海报，也没有特别的卖点广告。而且，海胆奶油意大利面是和其他意大利面没有任何区别地摆放在一起的。这可以说是一个极其令人遗憾的失败案例。

针对如此倾注心血推出的商品，一定要对顾客认真地宣传一下。否则，顾客可能连我们已经推出这款特别商品这件事都不知道。如果是好商品，就要把它当作好商品进行宣传。我们必须针对这个商品为什么好，和其他商品有什么区别等方面进行认真说明。

如果是个体经营的小型店铺的话，制作者可以面对面地对顾客说“这款商品是使用 ×× 地产的 ×× 制作而成的应季美食”，直接进行宣传。对我们大型连锁便利店集团来说，是做不到这一点的。我们的商品可以说是从事商品开发、原料采购、配方设计、反复试验（在工厂）、包装等各方面工作人员的心血的结晶。所以，我们必须把商品的信息切切实实地传递给店里的员工，传递给顾客。对于商品的“畅销化”来说，商品开发和促销就像汽车的两个车轮。通过这次的经历，我实实在在地感受到了这一点。

外食产业与中食产业

在超市、便利店、餐饮等行业，人们经常使用的词汇中有个词叫作“中食”。可能有人从未听说过这个词，在这里我稍微解释一下。

“今天我们在外面吃吧。”想必大家经常这样说。如果在餐厅、套餐店用餐被称为“外食”，那么在家里使用食材烹饪进而食用的传统的用餐方式则被称为“内食”。

与上述二者不同，把熟菜、盒饭买回家，在家里用餐的方式被称为“中食”。百货商店地下超市、便利店、大型超市销售的熟菜、冷冻食品都属于这个范畴。现在，中食的发展非常迅速。

根据日本熟菜协会发表的《熟菜白皮书》(2016 年版)，在 2005 年至 2014 年这 10 年时间里，内食产业的规模缩小到了原来的 97.3%。也就是说，自己在家里做饭、吃饭的家庭正在逐渐减少。

那么，我们看一看不在家里用餐而在外面用餐的家庭是不是增加了呢？外食产业的规模停留在原来的99.9%的水平上，基本上与原来的水平持平。

那么，到底什么增加了呢？值得注意的是，中食产业的规模在10年间扩大到了原来的122.2%。

我把这种情况称为“餐饮外部化”。也就是说，目前在烹饪方面依赖外部的家庭越来越多。

这种情况在大型家电零售店也有所体现。我有一个爱好就是喜欢去逛家电零售店。我每到一个国家，就一定要去那个国家的家电零售店看一看。正是出于这个原因，我知道现在的泰国、越南等亚洲国家，小型冰箱依然是主流，原因在于，亚洲很多国家的家庭本来就不怎么在家里做饭，加之女性通常也会在外面工作，而各国的小吃又比较丰富，人们很容易吃到既便宜又好吃的食物。

人们偶尔去市场购物时，大多只会购买当天和第二天用的东西，没有一次性买进大量食材长期储存的习惯。

相反，在日本，人们使用的冰箱却越来越大。对于一个四口之家来说，以前容积为450升的冰箱就足够了，可是现在650升左右的却占主流。

虽说我们已步入了少子老龄化的时代，我们使用的冰箱却越来越大，而且冰箱的变温室和冷冻室也在不断变大。这意味着什么呢？

现在，每天购买当天需要的蔬菜、肉、鱼等在家里烹调的家庭在不断减少。在常规的冷藏室的基础上，具有相对灵活保存功能的变温室中可放置冷冻食品的空间越来越大，这可以说是绝佳的证据。

家庭成员的状况也发生了变化。如今，可以天天把肉、蔬菜等食材买回来做上几道家常菜的家庭到底有多少呢？原来对于女性来说，结婚后作为专职主妇进入家庭，做家务、养儿育女、做好可口的饭菜等待丈夫回家可能是非常理想的事。

然而，现在在外面工作的女性越来越多。日本政府也在大力提倡“构筑一亿总活跃社会”“女性走上社会”等。不过，我觉得，现在政府还提这样的口号有些奇怪，因为女性早已走上社会，并且活跃在众多领域。家务也不再专门由女性承担，在众多家庭中，人们已经做好了家务的分工。不论男性还是女性，一天的时间都是有限的，只有 24 个小时。工作、上下班、用餐、睡眠、抚育子女已经占去了太多的时间，购买食材、做饭的时间自然也就没有了。

在一个冰箱的电视广告中，我看到了一个家庭的男主人在周末把下一周全家要吃的菜做好后放入变温室储存的场景。看着电视广告中的女主人和孩子微笑着对男主人说“拜托您啦”的一幕，我实实在在地感受到了我们所处的是怎样一个时代。

走进书店，一眼望去都是有关烹饪、储存的书籍。平时很忙没有时间做饭，利用周末等空闲时间集中进行餐食的烹饪储存的家庭越来越多。在书店，我也感受到了这种现实情况。

根据日本总务省发表的《2016 年家庭经济状况调查速报》，日本平均每个家庭的总支出中食品支出的占比即“恩格尔系数”是 25.8%。这是 29 年来的最高水平。

而且这次调查的对象是拥有两个及以上家庭成员的家庭，并没有包括独居家庭。在总支出中食品支出占比达到 1/4 的家庭，通常被认为是经济困难的家庭。这可能也是在当今的日本，双职工家庭的增加所造成的“餐饮外部化”正在不断加速的一个证据。作为结果，中食产业的市场争夺战已经打响了。

前几天，我在报纸上看到了一篇报道，了解到现在鲜鱼店也再不像以前那样只售卖生鱼，而是对鲜鱼进行油浸、调味等加工处理，这样，顾客把这种加工过的鱼买回家烤制一下就可以食用了。像这样的鲜鱼店在逐渐增加，原因在于：一方面，现在把鲜鱼买回家，自己处理鲜鱼的人越来越少；另一方面，为了生存乃至发展，鲜鱼店也不得不去捕捉新的市场需求。

对顾客来说，与买一条鲜鱼相比，买鱼片或调好味的鱼，虽然价格贵一些，但是烹饪时会很省事。所以，顾客会觉得很划算，进而接受鱼片、调好味的鱼。

只要我们张开创意的翅膀，满足当下这个忙碌时代的家庭饮食的商品、服务想必有很多。在社会的变化中隐藏着数不尽的新商机。

东京都内的家庭一半是独居家庭

我曾经说过，社会的变化中隐藏着商机。但是，盲目地进入市场，能否生存下来呢？这是另一个问题。

引起日本人饮食方式变化的原因，不仅仅是女性走向社会。在日本，晚婚、不婚、少子化、老龄化等因素交织在一起，造成独居家庭日益增加。现在，在东京都内居住的家庭中，独居家庭占了一半。

对于由几个家庭成员构成的家庭来说，把肉、蔬菜买回家自己烹饪，性价比会比较高。可是，对于独居人士来说，把蔬菜等买回家自己烹饪，有可能会有吃不完造成浪费的问题。在大多数情况下，与其自己煮一顿饭，不如从便利店购买，这样反而更加划算。

前面我曾经提到日本一般家庭需要的冰箱容积越来越大。与这种潮流相反，现在不买冰箱的家庭也在增加。

现在，在东京都内供独居用的住宅中，厨房空间狭窄的非常多。如果厨房只能凑合放下一个小菜板、一个煤气炉的话，想要烹饪丰盛的菜品是不可能的。有的住宅甚至连摆放冰箱的空间都没有。

我们正是面向这样的人群，以把便利店变成他们的“家庭厨房”为目标，展开商品开发活动的。

据说，现在许多人过着没有冰箱的生活，因为他们认为“虽然家里没有冰箱，但是附近有便利店，那里应有尽有”。在他们看来，只要跑到附近的便利店，从牛奶、啤酒、面包、盒饭到熟菜，什么都能买到。

诚然，这类人群存在这样的需求对我们来说是求之不得的。但是，恰恰因为他们如此频繁地光顾我们的便利店，我们有必要不断提升商品的味道和品质。如果顾客内心里认为“太忙了，没办法，用便利店的盒饭凑合一下吧”，而不是“在那家便利店买的晚餐真好吃”的话，我认为我们并没有取得真正意义上的成功。一旦出现能够取代我们的对手，我们可能就会被抛弃。

当市场上出现对某种商品的需求时，我们参与到这种商品的制作、销售之中是比较容易的。但是，如果我们不能提供让顾客感到愉悦的品质的话，就不能实现可持续的畅销。

目标是“日常”还是“非日常”

假设你要开一个小型餐厅，或许是人们约会时会来光顾的装潢漂亮的餐厅，或许是人们会带着孩子光顾的简约的餐厅，或许是面向美食家的餐厅。

对于新的店铺、新的生意而言，定位具有重要意义。开店时定位模糊的话，光顾店铺的人群也会很模糊。

比如说，我们便利店锁定的餐饮是什么呢？前面我给大家讲过什么是中食。即使确定便利店要进军中食领域，如果对中食概念的设定很模糊的话，我们还是无法推出畅销商品。到底是什么样的中食？如果定位没有明确下来，那么我们推出的商品就会产生偏差。再次强调一下，事先一定要明确“这款商品是面向谁开发的”这个问题。

我们的关键词是“非日常”和“日常”。

举办宴会用的餐厅拥有与家庭不同的气氛，在这样的餐厅可以品尝到平时在家里做不出的考究的菜品，在这样的餐厅用餐的时间就是非日常的时间，在这里，可以和朋友快乐地畅饮葡萄酒，尽情交谈。这里实在是可以享受美好时光的场所。

可是，偶尔吃一次会发出“太好吃了”之类的感叹的餐食，如果我们天天连着吃的话，也会感到厌倦。这样的餐食味道很浓，油脂很多，从价格角度来考虑，每天都吃确实也不太现实。

与那种“非日常”不同，我们便利店追求的目标是“日常”。也就是在日常生活中，人们无意识地品尝的味道，比如烤鱼、西式炖菜、土豆烧牛肉等家常菜。

前面我曾说过，我们希望便利店能够成为顾客的“家庭厨房”。我们追求的目标是顾客即使连续吃 3 天都不会腻的、极为普通的家常菜。为顾客提供连续吃 3 天都不会腻，并且即使是处于平均收入水平的家庭每天都能负担得起的餐食，是我们现在的目标，也是我们的梦想。

那么，你给你的店铺设定了什么目标呢？

人体的52周

日本是个四季分明的国家。春季的樱花，夏季的碧绿，秋季的红叶，冬季的飞雪，四季色彩斑斓，仪式活动繁多。每当春季到来，人们在漫天的樱花之中，举行入学仪式、入公司仪式等活动。春季实在是一个绚丽的季节。

不过，统计结果表明，春季也是自杀人数最多的季节。春季既是与新的朋友相遇的季节，也是惜别的季节[①]。进入新公司、新学校后，对环境的变化感到困惑的人可能也很多吧。另外，春季的日照时间还比较短，加之正值换季，身体和心理方面容易产生问题的人会比较多。想必这一点与自杀人数多也有一定关系。

我们的身体和心理状况受气候的影响很大。我们不能无视季节、气候、气温对人体的影响。与此相关，我曾进行过下面的思考。

我们常常把一年分为52周来思考商品的推销。一周有7天，一年365天大约是52周。对便利店来说，这52周每周都

① 日本的高中和大学的毕业季是在每年的4月，樱花盛开的季节，因此，作者说春季是惜别的季节。——编者注

要考虑投入不同的新商品。再进一步想一想，我们是不是可以摆脱52周这个时间的概念，更加贴近人体的52周的不同状况而展开推销活动呢?

一年分为春、夏、秋、冬四个季节，每个季节又可以细分为几个时期。比如，夏季可以分为闷热而多雨的梅雨季节，容易中暑的8月，早晚已经感觉有些凉意的、令人怀疑是否夏季已经结束的9月等时间段。同为夏季竟然有初夏、盛夏、夏末等称呼。所以，我们也应该在准确地把握这种细腻感觉的基础上，展开商品开发活动。

根据季节不同，人体所需要的营养物质也不同。在盛夏时期，人们时而走在高温高湿的户外，时而坐在空调开放的办公室内，人体的体温调节功能无法正常发挥作用。于是，有些人就会生病。同时，人们也要注意预防中暑。盛夏时期人们感到吃起来很舒服的食品是什么呢?

以前在一次针对盛夏时期的商品开发会议上，一个同事建议开发多款冰凉冰凉的冷制食品，在货架上摆上一大排。这种建议出于“在盛夏时期，人们肯定会想吃凉的食品”这种想法。但是，我却认为“好像不完全是这样的”。

确实长时间待在户外的人，可能想要吃凉的食品。然而，待在室内的人就未必一天到晚都想要吃凉的食品了。坐在空调冷风强的列车、办公室里的人，想要吃冰凉冰凉的食品的到底有多少呢？更何况女性中有不少人即使在夏季，也在为虚寒体质而痛苦不堪，坐在冰凉的办公室里的她们更想来一碗热汤吧。

凉汤最畅销的不是盛夏时节，而是户外和室内都变得越来越热的5月和6月。

我们不能简单地按照春夏秋冬的季节变化来进行商品开发，应该更加详细地考虑天气、气温等因素，针对各个时期人体最需要什么东西，展开头脑风暴，这样做非常有意义。

中医学里有一个“治未病”的概念。人们认为“医食同源”，即通过饮食来调节体内的平衡可以预防疾病，这个观点非常重要。

什么东西真的对人的身体有好处呢？人体真正需要的东西是什么呢？为了回答这些问题，我正努力让自己养成围绕人体的52周进行思考的习惯。现状和未来是不一样的，我们不能有“现在是这样，将来这样也行”之类的想法，我们要胸怀对未来的展望，这一点非常重要。

随着季节的改变而改变的味觉

在这里再给大家讲一个有关季节性商品的案例。中华冷面[①]是夏季便利店的常规商品之一。我每年都会盯着天气预报的变化来确定开始播放中华冷面电视广告的时间。

许多人看到电视上开始播放中华冷面的广告了，就会有一种“夏天到啦”的感觉。从这个角度来说，便利店的中华冷面已经成了夏季的风向标。

可是，你知道吗？其实从 2 月开始我们就已经把中华冷面放在货架上销售了。这是因为一部分顾客有坐在温暖的室内品尝中华冷面的需求。

我们利用电视广告、横幅等，对中华冷面进行大力宣传，就可以传达给人们“便利店开始出售冷面了”“夏天到啦”的信息。对宣传开始的时机的把握非常困难。如果在天气还比较寒冷的时候，就开始播放电视广告的话，对于销售来说应该没有什么意义，但是在天气已经变得很热之后才开始播放的话，就会贻误时机。气温一达到 20℃，就开始播放才是正确的。

---

① 中华冷面即我国朝鲜族的传统食品——冷面，其中荞麦面冷面最为知名，其面条细致有弹性，汤汁凉爽，酸辣适中。——编者注

在便利店里，我们几乎一整年都在销售中华冷面。但是，在寒冷的2月和烈日炎炎的8月，人们想要吃的中华冷面不尽相同。根据季节、气温的不同，人体需要的盐分也不同。所以，我认为，对在便利店里销售的中华冷面的盐分和醋的配方，也需要不断进行调整。仅就我个人而言，春天的时候我喜欢浓郁的酸味，而到了盛夏时节，我更喜欢清爽的味道。

在开始销售中华冷面之后，我们会对冷面汤汁的味道进行一次调整。我不知道有多少顾客察觉到了这一点，我们的这种调整确实是符合季节变化的。

每逢走进日式料理店，服务员会把使用应季食材制作的简单小吃呈上来。于是，我们针对即将开始的正餐的期待就会倍增。季节变化了，人们使用的食材当然也会变化。即使一年到头都存在的商品，日本人也总是在尽力展示它的季节感，这大概是日本人为满足人们的味觉而努力的一种态度吧。

我认为便利店不应该是把市场上已有的商品随便拼凑一下而进行销售的场所。

我们在市场上选择畅销的商品进行销售的同时，还应该利用便利店，把我们通过努力钻研开发出来的商品提供给顾客。

在日本人的灵魂食物——拉面领域取得胜利

如果说中华冷面是春夏季受欢迎的商品的话，拉面就是秋冬季的畅销商品。日本人非常喜欢吃拉面，以至于没有哪条街上看不到拉面店。从酱油味道、盐味、猪骨等面汤的种类，到面的硬度、弯曲程度，每个人都有各自的喜好。

各大连锁便利店集团为了向顾客提供可口的拉面，每天都在锲而不舍地努力着。我们也从面汤、叉烧肉、面等各个方面针对拉面的革新进行了大量的研究。

在公司内部员工讨论“应该推出什么样的拉面”这个问题时，经常有人提出下列建议。

“因为是在便利店销售的拉面，所以价格超过一枚硬币的话，是卖不掉的。”

“酱味拉面必须是札幌拉面。”

“猪骨拉面一定得是福冈拉面。”

“我推荐喜多方[①]拉面。”

就这样，各种各样的建议满天飞。日本有众多的知名拉面

① 喜多方拉面是日本福岛县喜多方市周边地区出名的拉面。——编者注

品牌，各个品牌的粉丝都有自己独到的见解。围绕采用哪个品牌拉面的问题，公司内部员工侃侃而谈。我认为在我们的店里销售什么拉面和那些品牌没有什么关系，和博多拉面、喜多方拉面、札幌拉面没有任何关系，我们只要推出能让顾客说“这里的拉面真好吃”的拉面就足够了。我认为，“如果是××的话，这个品牌最好”之类的墨守成规的信息会扼杀自由的创意、自由的商品开发潜力。

比如杂烩汤也有酱油味杂烩汤、盐味杂烩汤之分。如果让大家讨论的话，肯定会产生意见的对立，有人认为“酱油味的好”，有人认为“不不不，绝对是盐味的好”。

然而，到底哪一种真的好吃呢？这并不是什么问题。无论是支持酱油味的人，还是支持盐味的人，只要能做出让人感到好吃的杂烩汤就足够了。

摒弃“非××不可”的思维

在“是A还是B还是C”这种狭隘的格局内思考商品营销的话，我们只能实现小范围的革新。

我们应该暂时远离各种已有的选项，基于“只要好吃就可以”这种简单的思维来开发商品。

在便利店销售的商品中，有一些是针对当地人的口味而开发出来的地区性商品。比如，关东煮、荞麦面、乌冬面的汤汁就是这样的。现在，我们针对全日本各个地区提供的关东煮汤汁有7种。

比如在关东地区，我们提供的是标准版的木鱼–海带汤汁。在包括北海道在内的东北地区，我们除了标准版汤汁以外，还提供扇贝汤汁、小杂鱼干汤汁。在中部地区，我们在标准版汤汁中加入了鲜美的牛筋，这样汤汁可以有牛筋的味道。在四国岛[①]，我们提供的是小杂鱼干汤汁、鸡肉汤汁。在九州地区，我们提供飞鱼汤汁、鸡肉汤汁、香菇汤汁。目前，我们面向全日本各个地区提供的荞麦面条的汤汁共有3种。

可以说，这些汤汁的味道已与那些地区的人们密不可分，进而成为他们身体的一部分，喝上一口就会感到神清气爽。人们喝了我们提供的汤汁后会感叹：“好熟悉的味道啊！”人们的这种感觉对我们来说非常重要。以“这个应该很好吃”为理由，而把关东地区的汤汁强加给关西地区的人们，我认为这种做法

---

① 四国岛位于九州的东北方，由于分有四个国，所以近代便称之为四国岛。——编者注

是不对的。

相反，我认为针对所有商品的开发都强调它的地区性也是不正确的。为什么呢，因为地区性这个概念，听起来很好听，但也会导致我们在全国范围内与对手一决胜负时信心的缺失。

即使跨越了地区，好吃的东西还是好吃。有时候我们必须围绕日本人普遍追求的美味感与竞争对手一决高下。

出于这种想法，在推出拉面产品时，我们没有考虑地区性而展开了一场全国战役。在酱油拉面、酱味拉面、猪骨拉面这三大品种拉面的基础上，我们为配合各种主题又推出了“传统味道的酱油拉面”“长崎什锦拉面”等。

接下来再给大家讲几个具体的例子。以前，在便利店和超市销售的冷藏拉面一直存在几个问题。冷藏拉面在口感和味道上都比不上拉面专卖店。这是因为从拉面烹饪完成到顾客实际食用之间的间隔时间太长的缘故。

顾客在拉面专卖店用餐时，面一煮好就被马上放入汤汁里端了上来。相反，冷藏拉面从煮好到食用之间总是存在一段时间的间隔。这一点对于包括拉面在内的所有面类食品来说，可以说是个致命的弱点。

不论开发出多么好吃的面，无论汤汁多么完美，把放置了一段时间的面放入汤汁中，面的口感总是很差。这曾经在很长一段时间内是我们的重点研究课题。

如今，顾客从店里买的冷藏拉面都是开发人员为了使顾客在用微波炉对面完成加热的瞬间能够品尝到最好吃的面、最好喝的汤汁、最美味的叉烧肉，而对各个工序进行反向计算开发出来的。

开发人员为了赋予酱油拉面、酱味拉面黏糯的口感而采用了三道加工工艺，赋予了猪骨拉面刚好合适的硬度。

汤汁也有个问题。如果是冷藏拉面，需要用胶原蛋白对汤汁进行固化处理。为了不让胶原蛋白的杂味破坏汤汁清纯的味道，开发人员对胶原蛋白的味道做了细致入微的研究。

经过反复试验，目前令顾客满意的拉面开发出来了。托大家的福，拉面已经成为一天最多可以售出 10 万份的爆品，和改良以前相比，我们便利店的拉面销售额平均增长了近 3.5 倍。

尽管如此，拉面改善的余地依然很大。即使爆品出现了，与其说那是终点，还不如说是起点。某种商品开始热卖时，顾客的眼光也会提高。伴随着我们的商品开发进程，顾客的水平、期待值也会越来越高。这一点对于从事商品开发工作的人来说是非常痛苦的，但同时也是深奥的妙趣所在。

手册有时会削弱我们的思考能力

关于拉面，以前曾经发生过这样一件令我吃惊的事情。

有一天，我偶然到一家店里买一份拉面，忽然发现手上拿的那份拉面中叉烧肉只有 2 片，而放在它旁边的拉面中的叉烧肉却有 3 片。

“这是怎么回事?!”我愤怒地责问一位商品开发负责人。这位负责人回答说：“没关系的，我们是严格按照配方手册所写的分量称过重的。”

听了这种不着边际的说法，一时间，我惊愕得闭不上嘴。此时，手册已经成为有害的东西了。

请大家想象一下，你到某家便利店去买拉面，拿起一份拉面，以往你吃的拉面中的叉烧肉都是 3 片，可是这次却是 2 片。

在卖场里会有秤吗？“哦，虽然拉面中叉烧肉的数量有的是 2 片，有的是 3 片，但是重量肯定是一样的。”顾客究竟会不会这样想呢？

我要是顾客的话，不会这样想。

我会想：“真能凑合，连叉烧肉的片数都不统一！”

以前吃过同样的拉面，即使自己很喜欢，如果遇到这样的情况，也会有一种被欺骗的感觉吧。

我们要从消费者的角度出发制作商品。

对于这个观点，谁都会认为这是当然的。但是，某些人却没能做到知行合一。

与其问“自己能不能做”，不如决定“做还是不做”

我们经常对食品厂家这样说，我们便利店在推出自有品牌商品的时候，只是提出概念、创意而已，实际上把商品制造出来的是食品厂家。我们通过长时间的反复试验，最后完成一款商品的开发。

在这些商品开发的过程中，为了统一认识，我曾经说过：“我们与其思考能不能做到，不如决定做还是不做。”

这一点对于学习、工作、体育，以及其他的所有领域来说，都是一样的。如果我们从思考自己能不能做开始的话，目标一下子就变得很远了，为什么呢？因为我们以自己的实力作为标准的话，绝对不会产生超越自己实力的力量。在挑战新事物的时候，“已经决定做了，那就做吧”这种心态非常重要。

在这里，让我联想起以前在亚洲某个国家和一位便利店的总经理交谈时发生的事。

那时候，那个国家一下子建起了许多便利店，这些便利店没有什么差距，但是都远不及日本的便利店。于是，一家便利店的总经理带着怎样做才能使自己的便利店出众一些的疑问，向我咨询了一些业务改革的问题。

要想让自己的连锁便利店与其他连锁便利店不同，最重要的莫过于丰富食品供应。这是我一直以来坚持的观点。如果自己家的便利店里有其他便利店里买不到的好吃的盒饭、三明治等商品，顾客就会被吸引过来。

在交谈中，我提到了用来加工三明治面包的高性能切片机。当时，我们公司已经决定引进这款机器了。使用这款新型机器，不论是多么柔软的面包，切口都会非常漂亮。

可是，那位总经理打断了我，说了下面这番话。

“我们公司不需要那样的机器，为了配合那家工厂的切片机，我们已经让人去做硬一些的面包了。”

我非常吃惊，吃惊之余莫名地对他思维的转变产生了一丝“钦佩”。

然而，本来什么应该优先是不言而喻的。绝不应该先有切片机后有面包，而应该是先有面包后有切片机才对。我们不能让顾客去适应面包的硬度，而应该为满足顾客的口感而开发面包。

仅仅有“我要制作好吃的东西”这种想法，是不能做出好吃的东西的。食品配方的开发也是这样的。对工厂来说，如果不引进当时被称为“先进武器”的高性能机器，是无法生产出好吃的食品的。当然，设备投资的规模可能会很大。但是，如果仅仅停留在那位总经理所表达的“在我们工厂力所能及的范围内”的思维的话，真正意义上的改革是不可能实现的。

其实，我当时也被三明治的销售状况所困扰。如果仅仅是小规模改良的话，我们无法对客户宣传说：“我们的商品和以往相比已经大大不同了。”我决定对面包本身进行改良，向面包厂家强烈地表达了“请为我制作更加柔软、更加好吃的面包”的想法。于是，面包厂家为我提出了被称为是“铤而走险式”的彻底改良方案。面包厂家彻底调整了面包的制作方法，改变了面粉的配比、酵母的制作方法，材料中还加入了北海道产黄油、高品质的蜂蜜。总而言之，这个面包厂家为我制作了全新的面包。我们的努力终究没有白费，白白的、软软的、堪称极品的切片面包终于诞生了。

结果，和改良以前相比，三明治的销售额有了很大的提升。因为对面包进行了改良，所以我们就有必要引进前面所说的高性能切片机，最终我们取得了无愧于这种先进设备的成果。

在这里，我想强调一下，如果发自内心地想把一个滞销商品转变为畅销商品的话，需要进行包括设备改良在内的大胆的革新。当然，这需要许多资金。没有任何痛苦，轻而易举就能实现商品畅销的想法，实在是太天真了。

当然，如果不具备针对所有商品同时投入大量资金的实力的话，我们必须先要找出刻不容缓需要马上采取对策的商品。就我而言，我是从食品中堪称是便利店招牌商品的饭团的改良入手的，接下来又对盒饭、三明治进行了改良。

我们为革新设置了几个阶段，设置阶段有两个好处。

一是对可能实现的阶段进行落实；二是一件事如果取得了成果，就会成为一种成功经历，这有利于提高公司员工的工作热情。缺乏成功经历的人容易陷入“这个能行吗”“不行吧”之类的消极思维中。

我们做生意的时候，仅仅依靠上层管理者的激情是不够的。对于做实际业务的公司员工来说，点点滴滴的成功经历的积累是非常重要的。如果公司员工都具有“只要做就能成功”这种思维的话，不论下一个目标的实现有多困难，大家都会团结一致、勇往直前的。

从未见过的新商品和构思调整的新商品

在开发新商品的时候，可以考虑的可能性有两种。

一种是迄今为止，在店里从未销售过的全新的商品。在过去的日子里，各种各样的商品和服务走进了便利店。现在，便利店里设有多功能打印机和银行的ATM（自动取款机），还具备了邮局、快递公司的一部分功能。这些服务对于仅仅作为零售业态之一的旧时的便利店来说是难以想象的。顾客认为“这样的商品要是便利店里有就好啦”之类的商品，谁都没有想到，但是一旦出现，就会让顾客惊呼“我一直在找这个”之类的商品依然存在，所以我们必须把它们找出来。

另一种是以前我们曾经推销过，但是没能实现畅销的商品。针对因为发售的时机过早，销售方法不正确等原因而未能实现畅销的商品，我们可以对销售方法等进行重新研究。此外，顾客喜好的变化也可能会带来新的需求。

便利店和药妆店的一体化店铺，可以说是同时满足了这两种情况。

实际上很早以前，我们就听到过“要是在便利店也能买到药就好啦”的声音。很多顾客认为，突然感到头疼、肚子疼，或者想买些眼药的时候，如果去附近的便利店就能买到药的话，那就方便啦。我非常能够理解大家的这种心情。2009 年，根据修改后的《药事法》，网店和便利店也被允许从事一部分药品的销售活动。于是，我们也启动了销售药品的计划。

不过，我们在那时也遇到过棘手的困难。虽说日本允许便利店销售药品，但这是有条件的。便利店是 24 小时都营业的店铺，如果要想 24 小时销售药品的话，就必须 24 小时在店里设置药剂师或者具有一般药品销售资格的注册销售人员。可是，在全日本所有的便利店都安排药剂师或者注册销售人员是不可能的。一时间，我们的药品销售计划陷入止步不前的状态，我们几乎考虑要放弃这个计划了。然而，后来通过对便利店–药妆店一体化店铺方面的摸索，我们终于实现了这个计划。

其实，一些药妆店集团也想像便利店那样做到商品应有尽有，并为此进行了反复的试验，但是，因为物流和商品开发等方面的困难而遭遇了挫折。就在此时，人们提出便利店与药妆店共同建立一体化店铺的构想。于是，想要销售药品的便利店和想要销售便利店商品的药妆店通过建立一体化店铺，均实现了销售额的提升。一体化店铺出现以后，以往经常光顾药妆店却不怎么光顾便利店的高龄女性群体开始尝试购买便利店商品，而以往经常光顾便利店却不怎么光顾药妆店的男性则开始尝试购买药品。我们的一些一体化店铺甚至因为导致周边一些便利店倒闭，被称为“便利店杀手”，并在社会上引起热议。

后来，我们除了和药妆店建立了一些一体化店铺以外，还和农协建立了一体化店铺。这些店铺可以说是同时满足前面我说的两种情况的成功案例。店铺形式是以往没有的，但是店内销售的都是已有的商品。

要想实现商品的畅销，除了畅销商品的制作以外，实现商品畅销所需的销售方法、包装、服务等因素都是不可或缺的。如果发现一种可能畅销的商品或服务，我们就要搜集信息，制订计划并付诸实施。

即使失败了也没有关系。因为这次的失败，必然会对下次的成功有所帮助。我们必须坚持不懈地去挑战，这一点非常重要。

走出办公室，到大街上去

从事食品开发工作的人士是否了解现在市场上水果、蔬菜的行情呢？如果有人问：“现在在菜市场、超市里，一颗圆白菜卖多少钱？”我们能不能毫不犹豫地回答上来呢？

其实，回答这个问题并没有背诵公式那么困难。经常去超市的人会说“今天圆白菜比较贵”“今天秋刀鱼又便宜又好吃”，对每个时期各种食材的价格都会比较了解。其实，我自身的情况也好不到哪儿去，长期以来去超市购物等事情都是扔给家里人做的。不过，话说回来，找到自己作为一个普通消费者的感觉还是非常重要的。

我们每天接触的顾客都是一个个极其普通的个体。就蔬菜来说，虽说每种蔬菜的价格并不算贵，但是累积起来也会影响我们家庭的经济状况。这种理所当然的感觉我们必须要有。更何况，我们从厂家那里无法得到这样的信息。这种感觉只有自己亲自走进蔬菜水果店、超市，在购买了圆白菜、萝卜、生菜、鱼、肉等食材之后才能体会到。

信息是我们自己很难弄到手的东西，但是，如果只依靠别人提供的信息、通过网络了解的知识的话，我们的感觉就会产生偏差。

被商品部的人士认为“我们店里不需要”的那些商品实际上在其他店里卖得怎么样？他们有没有思考过呢？

被自己认为是滞销品的商品在其他店里却作为爆品正在热卖，自己竟然自始至终浑然不觉。这种情况想必也是有的吧。

商品的跟单员不能总是待在办公室里，需要出去走一走，需要通过对其他连锁便利店集团的店铺、其他行业的店铺的观察，积极搜集自己未知的信息。

与厂家进行交流虽说也很重要，但是，一般来说，厂家只会带来对它们有利的信息。有些信息对于它们来说虽然是不利的，但对于我们来说却是不可或缺的。这样的信息，我们只能亲自去搜集。

对于我们来说，养成经常到竞争对手的店里走一走，对“竞争对手的店里摆放的是什么样的商品”“客户会购买什么样的商品”这些情况进行观察的习惯非常重要。我们也可以每月举行一次全体员工的交流活动。届时，各位员工都把自己希望今后能在店里销售的商品买来，集中在一起进行讨论。

在超市和便利店里畅销的啤酒不一样

在市场上，一些品牌的啤酒、咖啡的畅销状态，与其他品牌相比，堪称是压倒性的。如果我们走进超市，就更能看到这些可被称为是“国民商品”的饮品是如何畅销的了。

这些在超市最畅销的品牌在便利店是不是也是最畅销的

呢？实际上并非如此，这是一件耐人寻味的事。在便利店里，有很多品牌的啤酒与日本最畅销的品牌相比更加畅销。那么，这些更加畅销的啤酒是什么呢？它们就是各个地方出产的啤酒、啤酒厂家与便利店共同开发的便利店自有品牌（PB）啤酒。也就是说，在一般超市买不到的啤酒在便利店里非常畅销。比如，“三得利为××便利店特别调制”的啤酒就惊人地畅销。

便利店也是一个可以试饮、试吃新商品、新奇商品的地方。人们不会来便利店寻求实惠。抱有要买便宜货的想法的顾客不会光顾便利店。

人们是怀着“有没有什么新奇商品呢”之类的期待光顾便利店的，所以，无论什么时候来到店里，店里总是只有常规商品而没有新商品，那种缺乏新鲜感的便利店是不应该存在的。

因此，厂家要不断为我们推出新商品。一般来说，随着经济不景气的持续，来自厂家的新商品建议会越来越少。

厂家会出于“便利店的卖场面积狭小，所以可以摆放的商品非常有限。即便拿出新商品建议，便利店也很难把这些商品上架销售”之类的想法而压缩新商品建议的数量。

如果放任这种情况继续下去，就会出现超市里摆放着那个厂家的新商品而便利店里却没有的情况。

为什么会出现这样的情况呢？那是因为我们不够积极，只是一味地等待来自对方的新商品的缘故。也就是说，我们高傲地坐在办公室里，静候厂家把好的新商品建议呈献给我们。如果我们一直采取这样的态度，前面我说的那种情况是有可能发生的。

我们应该与厂家保持密切联系，与厂家不断沟通，向厂家传递我们想要销售的商品的信息，并不断接受新商品的建议。

我们可以看到许多甜点、饮料、面包等商品上都印有“全家”（Family Mart）、“7-11”等品牌，但实际上，这些商品都是由活跃在各个领域的厂家生产出来的。这些厂家虽然都拥有自己的品牌，却提供技术和智慧给我们，帮助我们生产自己规划的自有品牌商品。这可以说是一项非常有意义也十分有趣的工作。

如果仅依靠我们公司自己的力量，基于对成本核算等方面的严密测算，就很难进行新的挑战了。但是，当我们对一些厂家表达了“请充分发挥一下贵厂的现有技术！我们从心底里想要销售好的商品”的希望时，它们会回应说：“这是一件非常有意义的事！”

想必顾客会被只有在这里才能喝到的啤酒、只有在这里才能品尝到的咖啡、蛋糕、菜品、面包、盒饭等商品所吸引，喜爱这些商品吧。

速食沙拉与自培沙拉

现在在日本，沙拉非常畅销。设有沙拉餐台的餐饮店大受欢迎，新的沙拉专卖店也不断出现。

在便利店里，除了摆放在盒饭区的沙拉以外，可以在家里自由自在使用的鲜切蔬菜也赢得了顾客的好评。我们不仅为顾客提供制作洋葱沙拉、生菜什锦沙拉、圆白菜什锦沙拉等的沙拉用鲜切蔬菜，还为顾客提供炒菜、火锅、炒饭用的鲜切蔬菜。

前面我曾提到，随着独居家庭、老龄家庭、双职工家庭的增加，自己做饭的家庭越来越少。出于这个原因，购买一整颗圆白菜、生菜等蔬菜的家庭也在减少。

一颗圆白菜、一颗生菜，如果不是几个人分几次吃的话，有可能在吃完之前就已经坏掉了。对两个人的家庭或独居人士来说，从超市把蔬菜买回来吃不完的情况很普遍。另外，时间上也存在问题。在忙忙碌碌的生活中，众多家庭认为把时间花费在洗菜、去皮、切菜等工作上面非常可惜。所以，超市、便利店的经营者想出了将生菜、圆白菜切成半个来销售的办法。

切好后被放入袋中销售的蔬菜也出现了。顾客打开包装袋把蔬菜取出来放入盘中就可以直接作为沙拉食用了。这种蔬菜堪称是终极概念的“速食”蔬菜了。

相反，与“速食”概念不同，一种可以感受时间变化的商品也很畅销。以我于2016年开始销售的“自培沙拉”为代表的“花园系列”商品就是这类商品。“自培沙拉”与“速食沙拉”完全相反，实际上是顾客在自己家里栽种沙拉用蔬菜的套装。要是鲜切蔬菜的话，顾客买回家后一分钟就可以食用。而“自培沙拉”呢，顾客买回家后至少要等上一个月才能吃上。

这款商品非常畅销。本来我们是以年轻女性为主要目标人群开发的这款商品，可实际上，许多五六十岁的男性也会购买，这可以说是意外惊喜吧。

以往我们在店里销售的产品，大多数是纯粹的商品，而这次我们推出了可以供顾客在家里自娱自乐的体验型商品“花园系列”并取得了成功。能让顾客亲自体验是该“花园系列”商品的特点。

这个系列商品的方案是由一位曾经在园艺公司工作过的员工提出来的。其实我也曾经在自己家的阳台上栽种过植物。虽说想过一种“能够感受绿色的生活”，但实际上，把花盆、土、植物的幼苗买回家，自己栽种是一件很麻烦的事。而且，肥料的种类繁多，到底哪种适合所栽种的植物自己也不是很清楚，植物一旦长了虫子，身边也没有可以简单商量一下如何应对的人。另外，园艺店大多都建在郊区，对于住在市中心的人们来说去那里购物很不方便。我们的系列商品恰恰解决了这些问题。在家住在市中心，家里没有院子或者家里阳台比较狭窄的顾客中，有许多人希望能够通过栽种植物进行心理疗愈。如果便利店能够很容易地帮助这些顾客实现这个愿望的话，他们一定会非常高兴。正是出于这种想法，我们推出了这个系列的商品。

在这个系列商品的开发过程中，我们得到了坂田种苗公司和住友化学园艺公司这两家专业公司的协助。在这个系列商品中，我们事先在遇水就会膨胀的土壤中播好种子，并且准备好了必要的肥料。这样即使对园艺不甚了解的人，也可以毫不费力地观赏到绿色植物茁壮成长的过程了。

从实现商品畅销的角度出发，商品如何命名也具有重要的意义。当初如果我们仅仅是将其作为一款沙拉而推出的话，这款商品的发展前景就会很有限。于是，我们在把这款商品的名称定为“自培沙拉”的同时，把品类名称定为“花园系列”。这样一来，未来我们就有了向沙拉以外的其他植物进一步拓展商品的可能性。

今后，我们在幼叶、罗勒等“自培沙拉”植物的基础上，会陆续推出绿紫苏、香菜等“自培调味料”，鸡冠花、迷你向日葵等“自培花束”，想必我们的阳台园艺商品的品种会越来越丰富。

越是畅销商品越需要改变

假设我们的努力有了回报，我们开发出了畅销商品，这款商品的评价与销售状况都很好。这对经营者、开发人员、销售人员来说都是一个可喜的结果。

可是，我却认为有必要立即对这款畅销商品进行调整。

按照一般的市场营销的做法，如果存在畅销商品A、销售状况不好不坏的商品B、滞销商品C的话，人们首先想到的是停止销售滞销商品C，推出新的商品。

但实际上，我们最需要关注的是销售状况良好的商品A。当然，我们有必要立刻针对滞销商品C是否需要停售等问题进行讨论。不过，如果在滞销商品上花费过多精力的话，畅销商品难免会出现问题。

前面我给大家讲了有关拉面开发的例子。托大家的福，我们的拉面成了爆品。但是，拉面刚刚开始热卖后，我们就开始着手对汤汁的口味进行了改良。

随着季节的变化，人们的味觉也在变化。前面我曾经针对中华冷面给大家讲过这个问题，其实拉面也是一样的。拉面最畅销的季节是秋冬季，但是，我们整年都会在店里销售拉面这种深受顾客喜爱的商品，随着季节的变化，对拉面口味的调整是必不可少的。

对于啤酒来说，随着气温的下降，人们会更加偏好口味厚重的啤酒。同样的道理，到了秋冬季节，我们会把拉面的口味稍微调整得浓郁一些，这样，顾客更可以在寒冷的日子里享受拉面的美味了。

冰沙也是如此。我们在引进可以处理牛奶的咖啡机以后，推出了咖啡冰沙、芒果冰沙等多种多样的冰沙饮品，这些产品都深受顾客的喜爱。针对这种畅销商品，我们也是在开始售卖的同时就着手改良工作了。根据季节不同，我们会在冰沙中使用不同大小的冰。在夏季，我们会使用比较碎的冰，在秋冬季节，我们会使用比较大的冰块。虽然厂家苦笑道“有必要这样做吗”，但是我们知道这样做冰沙绝对更好吃，所以当然要这样做。

人们常说“针对滞销商品，必须进行调整”，但是，我同样也想大声说：“针对畅销商品，必须不断进行调整。”

为什么要这样呢？

那是因为，如果一款商品是畅销商品的话，那么每天食用这款商品的顾客一定很多。顾客如果每天都吃的话，就会厌倦，但是如果这款商品不断得到优化，变得越来越好吃的话，人们就不会产生厌倦情绪了。

我们的行业就是为顾客的日常生活提供支持的行业。对我们来说，一款商品制作完成后就把它破坏掉，然后再制作，这种持续不断的调整具有重要意义。

假如有一款商品正在畅销，为了进行改良，我们把它停售了。如果改良的时间较长，我们可能会在这一段时间里，因为无法销售这款商品而蒙受一定的损失。可是反过来想，这样的努力也使我们手中有了一个“秘密武器”。我们坚信这款商品已经变得比以前更好吃，绝对会畅销。如果针对每个季节，我们手中都有许多“秘密武器”的话，我们整体的经营都会变得游刃有余。

置身于很难出现畅销商品的时代，如何进行商品开发

人们常说，我们现在所处的时代是一个不容易产生“爆品”的时代。

在日本经济高速增长的时期，出现了许许多多畅销商品。这是因为当时日本国民的价值观相对雷同的缘故。当时有一个词叫作“一亿国民皆中产社会”。在这样的社会里，大家的梦想、目标、追求的事物都很相似。

当时，许多人希望能够拥有属于自己的住宅、汽车、最新款的家电。根据各个家庭的经济状况不同，人们想要的汽车，虽然有 2.0 排量的汽车与轻型汽车之别，但总体来说，那是个众人都想要购买汽车的时代。

可是现在，我们处在一个价值观杂乱的时代。有人想要高档车，有人觉得性价比高的车就可以。甚至有人认为不需要自己买车，和别人分享就够了。有些家庭想要拥有属于自己的房子，有些家庭则认为一辈子住在租来的房子里也很好。有些人认为单身宿舍住起来很舒服，有些年轻人过着与别人拼租住房的生活。有些人酷爱食用快餐，有些人则对食品的产地要求非常高。

鉴于人们各不相同的生活方式、价值观，“大家都应该喜欢

这个”“这个绝对会畅销的”等简单粗暴的市场营销方式是毫无意义的。我认为，审视多种多样的价值观，展开想象的翅膀，尽量去丰富那些细致选项的内涵，对于推出畅销商品，即“畅销化”来说是唯一的路径。

第二章

销售能力培养

——构建畅销的店铺——

本应畅销的商品却不畅销

在一条古董街上有一家便利店，平时光顾那家便利店的顾客并不是很多，只是在古董市场开市的日子里，这里会变得很热闹。

可是，恰逢古董市场开市的某一天，我走进那家便利店，店内商品缺货的情形实在是让人触目惊心。在古董街上走累了的顾客即使因为想要吃点什么、喝点什么而走进那家便利店，也很难找到自己想要的商品。本来应该是非常畅销的商品，因为缺货而产生了“机会损失”。

第二天，在那家便利店发生的事情更是惨不忍睹。想必是那家便利店的经营者吸取了前一天商品缺货的教训，进而订购了大量的商品。可是，古董市场的开放在前一天就已经结束了。顾客的数量又恢复到原来不温不火的水平，这样就造成了高额的“废弃损失”。

究竟为什么会发生这样的事呢？

原因其实很简单。订货本来是一项重要的工作，而那家便利店的经营者却忽视了这项工作。

因为第二天是节假日，古董市场将会开放，远道而来光顾这里的人会很多。天气预报已经预报当天是晴天，那时也正是适合人们在户外一边散步一边喝些饮料并吃些简餐的季节。上述这些情况，我们只要稍稍动动脑筋是可以事先做出预测的。想必这家便利店的经营者忽略了这项简单的工作。

针对顾客人群的预测、针对不同时间段的预测、针对消费情况的预测等工作，我们究竟能有多认真地投入其中呢？我们是否进行预测直接影响采购的准确度？

要想把一家店铺经营成为“畅销店铺”，仅仅依靠热情和感觉是不够的。各种各样的方法、销售理论是不可或缺的。如果忽略了这些基础性的东西，就会导致本来应该畅销的商品却卖不掉的结果。

在这一章，我想主要从商品销售方法和卖场设置的角度给大家分享。其中，商品魅力的展示方法、畅销商品和滞销商品的辨别方法、狭窄空间的有效利用方法、订货的技巧等是我要给大家讲述的重点内容。

商品部开发出商品之后，实际上销售这些商品的场所是店铺，从事销售工作的是一线的销售人员。不论商品的质量多好，如果商品的销售方法、展示方法不正确的话，也无法实现畅销。在商品杂乱摆放的店铺里，顾客会感到不知所措。

我们怎样设置卖场，顾客才会拿起商品到收银台结账，进而再次光顾我们的店铺呢？为了回答这些问题，让我们分几个阶段思考一下。

商品滞销归咎于谁

这是我在一家商店里买鞋时的经历。我在店里货架上看到了一款喜欢的鞋子，但是尺码不适合我。当我要求店员帮我找一下适合我尺码的鞋子时，被告知“没有那个尺码的”。

于是，我对那个店员说：“如果没有刚好的尺码，拿一双小一号的给我看看吧。”得到的回答还是“没有”。仔细询问一下，我才知道原来在那家店里那款鞋子的库存仅仅只有摆放在货架上的那一双而已。

有一天，我走进一家西式服装店，在货架上看到一款颜色心仪的毛衣。当我请店员找出适合我的尺寸的同款商品看看时，得到的回答也是“没有”。虽然我的身材非常标准，但是那家店里的这款毛衣确实没有适合我的尺寸的。这款毛衣在店里的存货不是比我想要的尺寸小，就是比我想要的尺寸大。

那天离开那家西式服装店以后，我走进了一家意大利餐厅。在享用美味的菜品之后，我想点一杯意式特浓咖啡。结果，我被告知这家店里没有意式特浓咖啡，只有普通的美式咖啡。

在前面提到的位于古董街的便利店里，我从店铺经营者的角度经历了“机会损失”，这次我从顾客的角度也有了同样的体验。虽然顾客非常想购买某款商品，但是店铺方面却没有准备好，结果顾客无法购买这款商品。

让我们试着想一下。假设有个销售西服的人，他只准备了一款、一个尺寸的西服，你认为他能把西服卖出去吗？

一个人发自内心地想把东西卖出去，该怎么做才好呢？答案其实极为简单。

一句话，那就是大量购入自己认为会畅销的商品，然后把这些商品全部卖掉。

这种大量购入的商品必须是畅销商品。充斥着“滞销商品”的店铺是不能成为畅销店铺的。商品滞销不能归咎于顾客。滞销的原因百分之百在销售者自己身上。因为销售方法不正确，所以才导致商品滞销。

在一个时期，在我们的便利店里，之前销售状况并不是太好的连裤袜突然畅销起来了，原因就在于我们用高品质款式取代了以往的廉价款式。毛巾也变得畅销了，我们针对上架的商品进行了彻底调整，引进了手感柔软、色泽考究的高品质款式。

相反，手帕滞销的状况依旧在持续，原因在于我们对手帕的款式没有做任何调整。

我们努力的结果必然会体现在销售数据上。如果数据没有变化的话，要么是因为我们没有努力，要么是因为我们努力的方向不正确。

让人工智能不具备的创造力大放光彩

以往，在拥有大量库存的快速时装店里，在宽阔的卖场上摆放着大量商品。为了满足各种各样的顾客的要求，快速时装店的经营者不得不采用人海战术。发现心仪款式衣服的顾客想要找到适合自己尺码的衣服，却找不到店员，即使找到了店员，店员也不能马上把他们需要的衣服找到。这样就会产生大量的“机会损失”。然而，前些年，西班牙的服装巨头——ZARA（飒拉）引进了RFID（射频识别）标签技术。利用这种标签，店员可以非常容易地了解商品从出厂到销售的信息，甚至是哪款商品的哪个尺寸被送到了哪家店里，已经卖掉了多少，现在库存是多少等详细信息。

今后，各行各业都会不断引进人工智能技术去完成以往只有依靠人的劳动才能完成的工作。

针对这一点，人们的看法不尽相同。有人认为引进人工智能技术可以提高工作效率，有人则认为人工智能技术抢走了人们的工作。但是，不管怎么说，到现在为止，人工智能技术和计算机技术依然不具备想象力和创造力这两种能力。

要想让人类创造的某种体系高效运转的话，这些新技术可能是有效的，我们应该大力推广。然而，制作什么样的商品，设置什么样的卖场，采用什么样的销售方法才能够打动顾客，让顾客觉得购物是种享受，进而产生再次光顾我们店铺的想法呢？思考这些问题，依旧是我们人类的工作。

恰恰因为人类的智能不是人工智能，所以我们每个人的能力各不相同。布置卖场是我们每天针对怎样做对方（顾客）才会感到愉悦这个问题，一边进行想象，一边不断推进的工作。通过发挥想象力、创造力，我们可以创造出让顾客产生“来到这家店就高兴”“以后还想来这家店”等想法的店铺。

赋予店铺明确的概念

所谓发挥想象力就是指针对对方所期待的事物进行预测。

请大家想一想我们的人际关系。对我们身边的那些以自我为中心的人，人们总是敬而远之。这些人不管对方是否高兴，是否难过，是否遇到了困难，总是啰啰唆唆、口无遮拦地表达自己想说的话。和这样的人在一起，我们会感到很无趣。

对于店铺、服务来说，也是一样的道理。一个系统、一项服务、一款商品、一个店铺如果处于一种孤芳自赏的状态，即使它再出色，也会逐渐被顾客抛弃。

在这里给大家讲一个例子。在某个城市的市中心地区，有一家面包店开业了。采用严选食材长时间烘焙而成的美味面包是那家面包店的得意之作。但实际上，那家面包店的面包卖得并不好。面包店周边小型办公楼林立，每到中午的时候，许多公司职员为了吃午饭而走出办公楼。可是，那家面包店里只有切片面包、面包卷、牛角面包、贝果面包，没有咸面包、三明治之类的产品。不管切片面包、面包卷有多么好吃，午餐只吃这些东西是不够的。所以，人们在那家面包店里购买面包之后，还必须去其他店购买与面包搭配的熟菜。但是，人们的午休时间非常有限，不可能去两家店购买午餐。于是，人们自然而然地就不再光顾那家面包店了。

不过，这样的面包店如果开在购买第二天早餐用面包的人比较多的住宅区里，面包或许会很畅销。而在商务区，受欢迎的是那种咸面包、甜点面包都很丰富的面包店。顾客在购买面包的同时，如果还能买到可口的咖啡、新鲜的果汁、汤品等，那就是锦上添花了。如果店内再增设供顾客一边休息一边品尝食品、饮品的区域的话，那就堪称完美了。

在我们的店铺周围都有什么呢？想必有公园、住宅楼、学校、办公楼、游乐场等。这些地方的人们需要什么样的商品呢？这方面的思考具有重要意义。考究的制作方法、引以为豪的商品、各种各样的创意都不过是孤芳自赏的东西。来到我们店里的顾客需要什么样的商品呢？我认为把握这一点才是最重要的。

如果顾客走进一家店里，只要看一眼，就能知道这家店铺想要卖的商品是什么，这家店铺可以说是真正意义上的“畅销店铺”了。在世界上有各种各样的店铺，比如以环境舒适为卖点的咖啡店、可以品尝到考究的咖啡的店铺、只销售创意商品的杂货店、花店与书店一体化的店铺、销售手工制作饰品的店铺、面向独居年轻女性的家具店等。然而，取得成功的店铺都有一个共同点，那就是这些店铺都“具有明确的定位”。也就是说，针对希望什么样的顾客、在什么时候、以什么样的心情光顾我们的店铺等事项有十分明确的设定。

想要满足所有人需求的店铺，最终只会成为摆满无人问津的商品的店铺。

开在超市旁边的便利店为什么不会倒闭

下面我们以超市和便利店为例，讨论一下如何锁定顾客群。

前几天有人问过我这样的问题。

"在我家附近的便利店旁边，一家大型超市开业了，商品又齐全价格又便宜。我以为那家便利店可能要完了。可是，那家便利店并没有关门。和以往一样，光顾那家便利店的人依旧很多，新开的大型超市的生意也非常好，这到底是为什么呢？"

实际上，在那之前就有许多人问过我同样的问题。人们有这样的疑问，我完全可以理解。因为便利店和超市销售的商品有很多是一样的。在牛奶、果汁、面包、甜点、日用品、盒饭、三明治、酒等同一品类的商品中，同一厂家的商品也很多。

而且，在超市里，商品的品种更加丰富，一般来说，价格也比较低廉。针对厂家面向全国销售的商品（NB，National Brand），超市通过大量订货可以以比较低廉的价格销售给顾客。一部分超市还以自有品牌商品的方式，推出了廉价的系列商品。

可是，尽管如此，便利店和超市依然能够共存。这是为什么呢？

对于超市和便利店共存局面感到疑惑不解的人们大概是出于“商品品种丰富、价格低廉便可以使顾客感到愉悦”这种思维吧。

确实，按照这个概念开店，并取得成功的品牌比比皆是。众多的超市、折扣店都以商品的品种丰富、价格低廉从竞争中脱颖而出，服装行业的优衣库、H&M（一家在瑞典创立的服装品牌），家居行业的似鸟（NITORI）等商店基本上都是这样的。它们通过提供高级服装、高级家居用品以外的选项而博得了众多顾客的青睐。

不过，消费者不论何时何地都会追求商品的丰富性、价格的低廉性吗？我想说不是这样的。针对商品的丰富性、价格的低廉性，我们通过提供可以取而代之的价值，实现完全与之抗衡从而在事业上取得成功是可能的。

被称为“时间上的便利性”的价值

为什么超市和便利店能够共存呢？那是因为人们对两者的需求是不一样的。

人们准备去购物时，不会产生“今天是去超市呢，还是去便利店呢”的困惑。那是因为人们早已做出了“今天去超市”“今天去便利店”之类的决定。

假设有这样一个人，晚餐想吃酱汤、鱼和蔬菜。如果这个人爱好烹饪，想要自己做菜的话，他会光顾超市，在蔬菜区选择蔬菜，在鲜鱼区选择鲜鱼，然后去结账。

相反，如果这个人工作已经很累了，或者没有时间，他会怎么做？他没有什么心思去做饭。在这种情况下，他可能会从便利店把酱煮青花鱼、沙拉买回家，然后把这些食品倒在盘子里直接食用。

同样，在我们因为睡懒觉而没有时间吃早饭的时候，不会用前一天在超市买的面包、火腿、生菜做早餐，而会到附近的便利店购买三明治和咖啡。在没有时间做饭的时候，我们可以在便利店选购各种各样的盒饭。

是的，便利店就是为那些没有时间的人们省去自己制作的麻烦，提供各种已经制作完成的商品的场所。

从这个角度来看，便利店的作用可能和出租车有些相似。人们虽然知道用自己的双腿也能够走到目的地，但是依然会乘坐出租车。人们以身体又累行李又多，现在正在下雨，约会马上就要迟到了等为由乘坐出租车。乘坐出租车当然要花钱，那么，我们为什么还会乘坐呢？那是因为我们更加看重自己支付的费用所带来的便利性。

和销售品种丰富的食材的超市相比，便利店更加注重盒饭、熟菜、包子、鸡肉等已经烹制好的食品。那是因为我们希望没有什么时间的现代人能够很简单地品尝到美食。作为“家庭厨房”为顾客服务，可以说是便利店的一个存在价值吧。

从节约时间的意义来说，不仅限于食品。比如，在家里的卫生纸、洗洁精用完的时候，不用去车站周边的药妆店，在家附近的便利店也可以买到。没有时间去银行的人，在便利店的ATM上也可以把要办的事情办好。在政府机构办公的时候，没有时间去申领证明文件的人，在便利店也能领取证明文件。对于不能在家里收取快递的人，便利店也可以提供代收服务。突然需要证件照片的人，可以使用便利店的一体机打印照片。

这些本来都是既费时又费力的事情。人们可以通过便利店的服务，把节约下来的时间用在做其他事情上。这正是便利店所提供的一种价值，即“时间上的便利性”。

如果附近有一家便利店，就等同于附近有了食品店、盒饭店、咖啡厅、烟酒店、日用品店、文具店、书店、银行、邮局、快递公司、政府机构、照片冲印店。

平均面积不到30坪（每坪约为3.3平方米）的小店竟然具备了如此多的功能。虽说世界之大，具备如此丰富功能的店铺也非日本的便利店莫属了。

前面我曾经提到，如果做生意，一定要有一个明确的概念。对便利店来说，概念之一就是“节约时间”，从这个角度来看，食品、饮品、甜点、ATM、快递、邮局都是在一个概念范围内的。

我总是强调要摒弃那种“因为是便利店，所以就做”“因为是便利店，所以做不到”之类的思维。如果我们给自己做出了“我们是做××生意的”等严格定义的话，就排除了所有超越这个格局的可能性。

想象一下，如果鲜花店里只销售鲜花的话，那就有些奇怪。许多购买鲜花的顾客想必是对自然、美、疗愈有所追求的人士。这样的话，可以在鲜花店的角落里摆放一些与花有关的画册、照片集及有关插花的书籍等，也可以设置一个咖啡区，供顾客一边喝咖啡一边阅览这些书籍；还可以在店内放置一些可以与鲜花一起作为礼物送人的日用品，也可以举办一些包装讲座之类的活动。各类创意可以说是无穷无尽的。

我们明确了概念之后，新的服务、商品开发的创意就会涌现出来。摆脱“我们是做 × × 生意的”类似想法的局限，我们完全有可能挖掘出某些新的需求。

小型店与大型店对抗的方法

人们常说现在日本处于一个商品滞销的时代。在一年里，杂志发行品种不断增加，但是，杂志行业整体的销售额却在不断下降。杂志停刊的消息也不绝于耳。

但是，图书的情况却不是这样的。有些书刚刚发售不久就卖出去了几十万册而成为人们热议的畅销书，有些书在改编成电影、电视连续剧之后销售量也有上升。村上春树先生时隔 7 年推出了一部长篇小说。这本书在出版之前就已经在街头巷尾引起了热议，所以作为出版商的新潮社在小说第一版出版时，上下卷共印刷了 100 万册。

现在，书店的数量年年都在减少，但是，大型书店、专业书店依然人流如潮。

实际上并不是什么图书都卖不掉，也并不是所有书店都处于门可罗雀的状态。畅销的商品依旧畅销，规划很好的店铺依旧生意兴隆。那么，这种差距是在什么地方产生的呢？

如果我们只是开一家书店，在书架上摆放一些图书就万事大吉的话，那么那些书只能停留在滞销状态。现在，日本每年的图书出版品种大约是 8 万种。就图书的品种齐全程度来说，街上的小型书店绝对比不上大型书店。作为一个书店，如果仅仅是把市面上的畅销书拼凑在一起销售的话，那是无法展示出与其他书店有什么不同的。

在这里，我们回想一下便利店和超市的对比结果。大型书店的商品比较丰富，这一点和超市很相似。

在日本，每个超市的卖场平均面积大约为 400 坪，在郊区还有卖场面积更大的超市。现在，在城市中心地区，卖场面积只有 50 坪的超小型超市也不断出现。尽管如此，这些小型超市的卖场面积还是要比便利店大。

这是因为便利店的卖场平均面积仅有 30 坪左右，一些设在车站内部的便利店，面积甚至只有大约 15 坪。也就是说，便利店的卖场面积非常有限，这一点和街上的小型书店极为相似。

那么，街上的小型书店采取怎样的战术才能与大型书店抗衡呢？

关键在于如何对店内销售的商品进行规划。

选择的自由与不选择的自由

前面我曾经说过，顾客对超市和便利店的需求是不一样的。便利店并不是立足于商品品种的丰富性，而是通过向顾客提供“时间上的便利性”这种附加价值来发挥其特有的存在价值的。

超市那样的大型店铺和作为街上的小型店铺的便利店之间是有区别的。

从商品选择的角度来说，大型店铺有“选择的自由”，而小型店铺有“不选择的自由”。

人们光顾超市时，会有从多种多样的商品中选择心仪商品的欲望。仅就巧克力而言，想要从各种各样的巧克力中选出自己喜欢的那款的顾客会紧盯着货架看。光顾超市的人们想要从多种多样的洗洁精、品种丰富的调味料、各种各样的甜点中选取自己喜欢的商品。

所以，如果在某家超市，各个品类只有一款商品的话，顾客肯定对这家超市感到不满。从这个意义上来说，人们对包括折扣店、大型书店、大型服装店在内的大型店铺最大的诉求莫过于商品品种的丰富性。

可是，人类在具有“想要在多个选项中进行选择”这种要求的同时，又具有“不想选择”这种无意识的心理，人类实在是一种很难缠的生物。

有些人因为很忙而无暇做出选择，有些人认为选择是一件很麻烦的事，有些人在面对太多的信息、商品时感到手足无措，有些人甚至不愿意去那些人员密集的地方，这样的人在无意识中对于光顾商品丰富的大型商店这件事本身都想回避。

于是，问题就来了。如果问这些人：“对于你们来说什么都可以吗？没有什么特殊的要求吗？”他们的回答绝对是否定的。因为他们也想要尽可能好吃的、使用方便而且品质高的商品。恰恰就是在满足这种看起来有些任性的消费者心理的时候，小型店铺找到了一条生存之路。

对于小型店铺来说，不要追求应有尽有，只要明确自己店铺的概念，准备好符合自己店铺概念的高品质商品就好。店铺的经营者要不断磨炼自己的商业嗅觉，备齐严选的商品就好。如果一提到我们的店铺，顾客就会说“去那家店，不用到处寻找，就能发现有趣的商品”的话，那我们就成功了。

店里只放畅销商品，绝对不放滞销商品。这是便利店的基本原则。

对于卖场面积比较小的店铺的经营者来说，有必要执着地在商品选择方面下功夫。对于便利店来说，即使想要在店内销售化妆品，也不能像拥有宽阔卖场的药妆店那样，在店内摆放琳琅满目的化妆品，而应该对商品进行取舍。

从这个角度来观察商品的话，我们会觉得超市、药妆店、折扣店充斥着令人不寒而栗的滞销品。尽管如此，那些大型店铺还是会采取为想要做选择的人们提供更多选项的方法。不过，小型店铺也如法炮制的话，确实是会失败的。

想必大家都有过这样的经历吧：走进一家杂货店，店内杂乱地摆放着各种各样的商品，但是最终，我们不知道买些什么而空手走出了杂货店；走进一家酒馆，服务员递过来一份菜单，我们被那份菜单吓了一跳，因为那上面写着我们所能想到的所有菜品。这家酒馆如果能够提供菜单上的所有菜品当然是好事，但是现在餐饮业整体面临着严重的人手不足的问题，因此一些餐饮店为了准备、制作这些菜品而把自己弄得疲惫不堪。对小型店铺来说，必须在确定店铺概念的基础上对商品进行严选。然而，一些小型店铺却出于尽量提供更多选项的思维，无原则地采购商品，扩充店铺内商品的数量。

卖家通过推送事先选择好的商品来协助没有时间的人或者认为选择商品很麻烦的人做决定的做法，在其他领域也能看到，比如，近些年亚马逊（Amazon）就在不断强化推荐服务。

我们现在所处的时代已经不是物质匮乏的时代了。在其他国家消费者的眼里，日本现在商品丰富的程度，甚至可以说有些异常。像日本这样服装、食品、杂货、饰品如此丰富的国度，在世界上是很罕见的。

人们认为，只有高品质的东西、廉价的东西、新颖的东西、具有传统特色的东西等的选项丰富才能体现生活的富裕。日本的这种现状正是人们期待的结果。其他国家消费者来到日本买到各种各样的商品，自然会很高兴。别人替自己选择商品的服务、代购商品的店铺也会受到这些消费者的欢迎。

没有人会毫无目的地走进超市

拥有“不选择的自由”的好处不只是能够避免从多个选项中进行选择时所要面对的压力。如果我们勇于接受别人的建议，有可能获得以前无法企及的、崭新的邂逅和发现。这会令我们感到愉悦。

除了“时间上的便利性”“不选择的自由”之外，便利店还非常注重一种价值，那就是让顾客产生“好奇心、愉悦感”。

其实，同一天里的回头客非常多，是便利店的一个特点。有不少人每天都至少会去一次便利店。

许多人为了购买早餐、午餐会在上午光顾便利店；到了下午，因为要使用ATM机，或者因为感到稍微有点饿，而带着“便利店里是不是又推出了什么新的甜点呢”的想法再次来到便利店。像这样在各个时间段光顾便利店的顾客很多，于是，顾客人均的来店次数也就越来越多。许多顾客会没有任何明确的目的，只是怀着稍微逛一逛的心态光顾便利店。这也是便利店的一个特点。相比之下，什么都不打算买，却走进超市、药妆店闲逛的人就比较少。可以说，二者之间形成了鲜明的对照。

我们曾经针对便利店顾客进行过意识调查，调查结果表明，顾客光顾超市时和光顾便利店时的意识和目的是非常不同的。

很多顾客回答说，自己是为了完成家务而光顾超市的，主要目的是给家人采购食材。调查结果表明，漫无目的地走进超市，不购买任何商品就离开的人很少。相反，许多顾客光顾便利店的理由是“为了自己”。许多顾客回答说，自己会追踪便利店不断推出的自有品牌商品，如果买到好吃的商品会感到快乐，自己还会追求购买应季商品的新鲜感。这一点令我印象深刻。

下面给大家讲一讲我们的另一个战略。前面我曾经说过，便利店是出于成为顾客的“家庭厨房”，为顾客提供“时间上的便利性”的目的而规划商品、服务顾客的。为了使出于这种需要而光顾我们便利店的顾客不会在仅仅达成原有目的之后就匆匆离开店铺，我们进行了多方面的努力：我们在便利店里摆放了许多小型甜点，来店里购买咖啡的顾客看到这些甜点会产生“哦，喝咖啡的时候可以吃这个”的想法；我们在啤酒的周围摆放了一些可以作为下酒菜的熟菜，这样来店里购买啤酒的顾客看到熟菜就会产生“哦，这个可以当下酒菜”的想法，进而购买这些商品；另外，我们还为来店里购买盒饭的顾客在收银台旁边的保温箱里准备了鸡肉、干炸食品。让顾客通过这种“顺便购买”而感到愉悦是我们的一个追求。

“实用性”×“惊喜与欢喜”＝“畅销店铺”

顾客是有目的地光顾一家店铺，还是漫无目的地光顾一家店铺，取决于这家店铺的规模。

超市作为面向家庭的店铺，主要目的在于支撑人们的饮食生活。所以，只要超市的经营者努力丰富店内的商品，顾客将超市作为食材、生活用品采购场所的这种需求是不会发生变化的。

便利店作为人们的“家庭厨房”，每天都在致力于为顾客提供可口的盒饭和熟菜等商品。然而，为顾客带来“惊奇”“欢喜”“愉悦”，满足顾客的“好奇心”，这些感情方面的投入也是必不可少的。

便利店顾客总数的70%是回头客，他们每天至少会光顾一次便利店。如此来说，便利店仅停留在满足他们的“实用性”需求的水平上是不够的。对于顾客一年会光顾数百次的便利店来说，如果店内的商品总是一成不变的话，不论便利店有多么便利，顾客都不免对这样的店铺产生厌倦情绪。那么，怎样才能让顾客不产生厌倦情绪呢？那就是通过推出新商品，为顾客带来“惊喜与欢喜”。

我经常说：“便利店是摆放销售新商品的店铺。”实际上，在我们的便利店里，每周都会有新商品出现。我们也会针对已经获得好评的商品持续不断地进行革新。因此，每年我们做出调整的商品数量，占到商品总数的大约70%。

我们已经告别了以购买商品为目的的“物质消费”时代，迎来了以追求快乐等有趣体验为目的的“精神消费”时代。对于许多人来说，他们在物质上已经很满足了，所以，购物本身已经不具有什么特别的意义了，而是一种司空见惯的行为。当下，对于店铺的经营者来说，向顾客提供高品质商品已经是理所当然的事情了。于是，如何给顾客带来“惊喜”、打动顾客就显得格外重要。

如果顾客每次光顾店铺，都能看到新商品的话，就会感到小小的惊喜。

“啊，又出新款甜点啦！”

“面包又出新的系列商品啦！”

“这款啤酒以前从未见过！”

“盒饭全面上新啦！”

“新款冰沙看起来很好吃！”

这些惊喜即使不大也没有关系。

即使只提供让顾客感到“哦，不错”之类的小小惊喜的商品，也可以为顾客的日常生活增添一丝愉悦。如果一家店铺的年销售业绩在不断下滑，这正是这家店铺“已经令顾客感到厌倦”的一个证据。

如果我们发现，顾客走进我们的店里，逛上一圈之后，没有购买任何商品就离开了，这种情形持续发生的话，就有必要思考一下是不是商品品种规划方面出现了什么问题。那是因为那位顾客对店内的商品没有感到任何惊喜，也没有被任何商品所打动，所以才什么都没有购买就离开了。

这种情况一直持续下去的话，那位顾客就可能不再光顾这家店铺了，进而去选择更加新颖的、新商品丰富的、令人愉悦的店铺了。

话又说回来，我也并不认为只采购新商品是正确的。我们经常去的酒馆、套餐店、老字号的日式点心店、有名的餐厅里肯定有常规的商品、传统的服务，“来到这里肯定会买、肯定会吃的”固定的商品、菜品。人类一方面喜欢追求新鲜的事物，另一方面对熟悉的事物也怀有难以忘怀之情。据说，我们人类的大脑有这样一种功能，对于频繁见面的人会产生喜爱之情。然而，在长期交往的恋人、夫妻之间，由于新鲜感的减少，彼此之间的交谈也会减少。这也是一个不争的事实。

那么，营造新鲜感需要什么呢？

对于人们熟悉的、难以忘怀的常规商品，我们要倍加珍视。与此同时，我们要添加一些让人们说“第一次看到这个”“这个是新的”“真高兴啊”之类的令人感到惊喜、欢喜的因素。我们的店铺不要给顾客留下“不论什么时候去，那里销售的商品总是老样子”的印象，而要给顾客留下“不论什么时候去，总会有新发现”的印象。我们要使顾客产生再次光顾我们店铺的想法。

“强劲的销售业绩”绝对不是偶然的。开发、进货、销售业绩彼此之间存在严密的因果关系。

除了每天的数据以外，各位店铺的店主还要关注一下一年前、两年前的数据，顾客的变化曲线和表情，卖掉的商品等。

如果我们只是盲目地推出商品，茫然地订货，随便把商品摆放在店里，即使营业时间再长，也无法让顾客感到愉悦。

因为“实用性”×“惊喜与欢喜”=“畅销店铺”。

是不是畅销店铺，站在马路对面就能看得出

从这节开始，我想带大家去看看在一线构筑店铺的情况。

我进入便利店行业是大约40年前的事了。大学毕业后，我进入一家证券公司工作。那段时间，我认为这种每天和数字打交道的工作不适合我的性格，感到很痛苦。一天，一个熟人对我说：“现在社会上出现了一种叫作便利店的新式店铺。”后来，我还了解到，便利店虽然发源于美国，但是当时日本的便利店行业已经起步，并且正在飞速发展。于是，向来对于新鲜事物充满强烈好奇心的我接受了这位熟人的邀请，进入了成立不久

的 7-11 日本公司。

进入 7-11 日本公司的总公司之后，我被派往基层店铺，作为第一线的员工接受了培训，对包括从店铺保洁、出货、订货到商品录入等在内的各项工作进行熟悉，并熟练掌握。

然而，有一天，从公司总部来店里视察的上司（也就是邀请我进入便利店行业的那位熟人）劈头盖脸地对我发起火来。

原因是我在货架上摆放商品时，没有把面向顾客的一面摆得足够整齐。其实，我本意是想尽最大努力把面向顾客的一面摆整齐的。这位上司一边怒吼着“必须要以毫米为单位，将商品整齐地摆放在货架上”，一边把一包咖啡向我扔过来。

还好，我敏捷地躲过了那包咖啡。通过这件事我明白了，即使自己认为已经足够整齐了，但是在别人眼里未必达到了整齐的水平。

从那以后，我养成了从顾客的角度对店内进行检查的习惯。我会实实在在地从顾客的角度，毫不留情地对我们店内的地面、墙壁、商品进行观察。于是，我会发现在意想不到的地方堆积着灰尘，有些地方的墙纸已经翘起来。然而，从一个普通员工的角度观察的话，却发现不了这些问题。这一点让人有些不可思议。

从那时到现在，40 年过去了，我依然保持着在每天早上去公司办公室之前，先去两三家店铺逛一逛的习惯。通过这种长年养成的习惯，我明白了，一家店铺的水平其实从外观上就可以看得出来。

如果你现在拥有自己的店铺，可以尝试从马路对面观察一下自己的店铺。即使是我们自认为平时已经打扫得很干净的店铺，从顾客的角度观察一下，也可能会发现招牌上落满灰尘，玻璃窗上还有前几天下雨时留下的痕迹。

我只能很遗憾地说，这样的店铺其他各个方面的水平也高不到哪里去。如果这家店铺是一家便利店的话，门可能因顾客的频繁触摸而很脏，餐饮区、咖啡区的小桌上可能会有食物或饮料的残渣。店员意气风发、充满活力，商品陈列整齐，没有缺货之类的情况是绝对不可能的。

不仅限于便利店，对于零售业、服务行业都可以这样说，店铺的“清洁度”和员工的“亲和度”是最基本的因素。店铺整洁、员工亲和这个原则，无论怎样严格贯彻都不过分。

你可能会想：“这个不用你说，我也很清楚。”然而，能够百分之百地贯彻这个原则的人到底有多少呢？实际上，原来的我也是这样的。从通常的感觉出发，我的“保洁”“整理”工作算是到位的。但是，对于便利店来说，仅仅停留在这种“通常”

的感觉上是不够的。

即使同属于一个连锁店集团，有些店铺让人感觉整体昏暗、缺乏活力，有些店铺一走进去就让人感觉非常舒适、充满活力。店员勤勤恳恳地工作，商品的正面全都朝向自己，这样的店铺可以让人感受到正能量。

这不仅仅是简单的气氛的问题，也不是什么照明的问题，而是一家店铺对于“清洁度”和“亲和度”是否有追求的问题。一个店铺的经营者到底有没有诚心诚意地做生意，他的态度会从店铺的情况上体现出来。

当然的事情的重要性

一些套餐店提供的菜品虽然好吃，保洁工作却做得不到位；一些杂货店店内的物品摆放杂乱；一些书店店内的书籍仅仅是漫无目的地摆放在那里而已；一些宾馆的服务员的待客态度貌似殷勤却并不真诚。对于这些宾馆服务员来说，这样待客已经成为他们日常生活的一部分了。但是，顾客一般是可以发现这些服务员看不到的污垢和灰尘，感受到这些服务员的语气的。

以前，我在亚洲的某个国家，走进一家便利店，看到了这样一幕。

不论是店铺的门、地面、开放式冷藏柜，还是货架均疏于管理，摆放冰激凌的冷冻柜里的霜已经结了几厘米厚。一眼望去就知道这么厚的霜，绝对不是一两天就能形成的。在摆放啤酒、饮料的货架上，缺货的情况随处可见，新发售的商品也没有卖点广告。摆放盒饭等米饭类商品的冷藏柜里，盒饭一盒也没有，里面仅有少量的熟菜而已。按理说，盒饭的保存温度和熟菜的保存温度是不一样的，这样摆放的熟菜，由于保存温度不当，让人看一下就会觉得不好吃。

一天深夜，我又来到一家便利店。在那里，我偶然看到了一位正在喝着店里咖啡的店员，翻阅作为商品在店里售卖的杂志的一幕。暂且不说别的，就这位店员的态度，就不是一个工作中的员工应有的态度。

尽管如此，当时，那家便利店所属的连锁便利店集团在那个国家的发展依然非常迅猛。

为什么会这样呢?

其实理由很简单，在那个国家，便利店还非常少，所以只要开了便利店，顾客就会光顾、购物。这种情况对于便利店行业来说，可以说是一个有利的风口。

如今在那个国家，那样的便利店可能也少了吧。如果在日本这样做生意的话，这家店铺马上就会倒闭。如果在这样的便利店的对面还有一家便利店，对于顾客来说就没有什么非要光顾这家便利店的理由了。

店铺的外观会很直观地反映到店铺的业绩上。“店铺虽然很脏，排队的人却很多”这种现象只能算是特例，一般情况下是不会发生的。如果我们觉得自己的店铺脏一点也没关系，那就大错特错了。

店铺处于最整洁、最光鲜的状态，不能仅仅是开业日一天而已。我们的这个行业是顾客往来密集的行业，所以，如果疏于日常保洁工作，店铺一下子就会变得很脏。

针对这种必然的事情，我们给予了多少关注呢？多关注这类事情可以说是一家店铺成为“畅销店铺”的一个基本条件。

付钱的人会无意识地观察收钱的人

假设你在一个陌生的街道上受了伤，被人送到了医院。这时，你的疼痛已经达到了极限，终于，堪称救命稻草的医生出现了。然而，当你定睛观察医生时，发现他竟然头发凌乱，穿着一件污秽不堪的T恤。你是会一下子感到放心，还是会一下子感到不安？

要我回答的话，答案肯定是后者。

医生的本职工作就是诊断和治疗。话虽如此，那位医生的医术如何，仅看外表无法判断。医生和护士穿上象征性的整洁的白大褂，可以使患者感到放心。

我们成年人也正是出于同样的理由才注重仪表的。虽说外表并不代表事物的全部，但是初次见面时给人留下的印象还是很重要的。对于经商人士、店铺的店员、从事服务工作的人来说，别人做出判断时最初的依据就是这些人的仪表、举止、表情等。

对于在店铺里从事日常待客工作的人来说，身着规定的制服，保持整洁的仪表是最起码的。可在刚才提到的那个国家的便利店里，店员不穿制服的情况随处可见。于是，我问这些店员："既然总公司已经配发了制服，为什么不穿呢？"有些店员回答说："洗衣费太贵了。"其实我知道，制服的洗衣费是由总公司负担的。

在便利店里，虽然都是日常事务，但却是会涉及钱财的。虽说顾客一次的购物金额只有区区几百日元，但这些钱财对他们来说也是贵重物品。对于把如此重要的东西交给我们的顾客来说，看到我们凌乱的头发、不洁的仪表，没有人会产生好的心情。顾客会无意识地观察站在收银台旁边的店员的外表。

便利店如何选址

前面，我给大家讲了店员在店铺里工作时应做好准备。接下来，我想谈一谈店铺选址问题。

假设你准备开一家新的店铺，那么，最先考虑的就是“店铺开在哪儿呢”这个问题。

一提到店铺候选地，我们马上就会想到“过往行人比较多”的地方。例如，人员川流不息的枢纽站，上下车乘客比较多的车站周边，行人密集的市中心主干道两侧，周边有大学和写字楼的繁华街道等。

可是，这样的热门地段往往都是租金、地价异常昂贵的地段。

不论来往行人如何多，如果销售额的绝大部分不得不用来支付租金的话，店铺的前景堪忧。

反之，如果把店铺开在基本上没有行人的地方，就可能在顾客是否会光临都无法保证的情况下，担心店铺的经营。当然，即使选择在行人比较少的地方开店，如果采取了适当的策略，在一定程度上还是有可能赢得一部分顾客的。假设我们在支付了租金，对店铺完成了改造装修，购入了各种需要的用品之后，正式开始营业了。如果门可罗雀的状态持续好几个月的话，那就可以说这家门店的状况是惨不忍睹了。

同样的问题也一直困扰着我们便利店行业。今后，围绕应该在什么地方开新店的问题，新店开发部面临的形势越来越严峻。

2018 年，日本全国有将近 5.5 万家便利店。各大便利店集团已经围绕新店候选地而展开了争夺战。便利店开在哪里都会受到人们喜爱的时代已经结束了。人们甚至质疑："为什么还在市中心开新的便利店呢？"

过去有人认为，日本全国的便利店总数如果超过了 5 万家，便利店行业整体就会陷入饱和状态，就会遭遇困境。但是，这种饱和状态并未出现。原因在于单个便利店的影响范围比较小。现在一家便利店的平均影响范围只有方圆 500 米。也就是说，我们离开一家便利店，走上大概 500 米就可以看到另一家便利店了。尽管如此，便利店的经营依然能够维持，这是因为便利店可以满足消费者的"越近越好"的需求。

在一般的消费者看来，"便利的便利店"应该是开在什么地方的店铺呢？

这样的店铺就是早上走出家门，在最短的时间内就可以逛一下的店铺，离工作单位、学校非常近的店铺。谁都不愿意拎着东西走很长的路。如果是这样，符合这个概念的候选地，除了车站周边、来往行人众多的地方以外，应该还有很多。比如，住宅区、学校和写字楼的旁边，外地人员密集的场所，这些地方都会浮现在我们的脑海中。

什么样的人群会对我们要开始的生意感兴趣呢？喜爱我们的服务的顾客在哪里呢？顾客会以什么样的方式来利用我们的店铺呢？有目的地光顾我们店铺的顾客多不多呢？路过我们店铺的人会想进来逛一逛吗？

大家如果要开新店的话，请认真思考一下上面这些问题。对便利店定位不同，候选地也会不同。从这个角度来说，我们有可能从“繁华街道＝生意兴隆”这个简单的思维中跳脱出去。

前面我曾经说过，对于我们来说，便利店是越近越好。我们穿过一条马路，就会从一家便利店的影响范围走进另一家的影响范围，这可以说是便利店的一个有趣的特点。

假设马路这边有一家便利店的话，在这家便利店的斜对面，隔着马路可以再建一家便利店。两家店铺之间的距离确实已经非常近了，但是顾客还是会光顾这两家店铺。比较极端的情况是，即使在隔着一条马路的正对面有两家便利店，需求依然存在。这是什么原因呢？

假设有一个人走出家门，想要沿着一条笔直的路线前往车站，可是便利店却开在马路、铁道口的另一侧，这会让没有什么时间的现代人感到纠结。这个人会想，如果在马路的这边有家便利店，不用等待红绿灯或等列车通过铁道口就能很轻松地买到东西了。

可能恰恰是因为在便利店逗留的时间比较短，顾客更容易这么想。书店、咖啡厅、超市即使开在马路对面，对于通常会在那里逗留二三十分钟，甚至一个小时的人们来说，花一两分钟等待红绿灯或等列车通过铁道口就不会感到纠结了。然而，有人想："我去那家店只是想买一盒烟，这是一分钟就能搞定的事。"这样的人会觉得把时间花在等待红绿灯或等列车通过铁道口上是很可惜的。

不过有一件事情千万不要搞错，那就是不是只要顾客触手可及，什么样的店铺都没有问题。即使离顾客很近，店内如果没有可口的盒饭，商品种类不能满足顾客需求的话，顾客还是会选择马路对面的便利店。我们必须要铭记，只依靠地利做生意，是有可能失败的。

尝试放弃与其他店铺争夺顾客的思维

在前面，我曾经说过，只依靠地利做生意是有可能失败的。不过，把做生意不顺利的理由归咎为不占地利也是错误的。

下面给大家讲讲一家新店的故事。那家店铺在地利上绝对没有任何优势可言。为什么呢？那家店的马路对面有一家Circle K Sunkus（一家便利店名称）便利店，距离它50米的地方有一家罗森（LAWSON）便利店，100米的地方有一家7-11便利店。不过，那家新店是一家便利店–药妆店一体化店铺，这就实现了与周边便利店的差别化。

然而，后来在那家一体店的旁边新开了一家药妆店。那家药妆店的占地面积相当于一体店的两倍多。于是，周围的人们纷纷议论："这样一来，这家便利店要关门了。"

不过，结果出乎人们的预料，那家一体店的营业额一直保持年年增长的势头。这是为什么呢？

这是因为那家一体店对店内销售的商品采取了严选策略。

比如：同一款饮料，在旁边的药妆店卖80日元，而在那家一体店却卖到 120 日元；在旁边的药妆店销售的香波有十几种之多，而在那家一体店只销售几种；旁边的药妆店打出了“大甩卖”广告，在店里像小山一样堆放着大量的大包装洗洁精的时候，那家一体店却没有推出任何促销商品。

乍一看，这些都是对那家一体店不利的事。这家一体店之所以这样做，是因为放弃了和其他店铺争夺顾客的思维。

喜欢大包装商品的顾客和喜欢廉价商品的顾客去旁边的药妆店购物就好。

与旁边的药妆店不同，那家一体店即使是同样的商品，也会尽量准备小包装的款式，从那些在药妆店绝对买不到的、只有从便利店才能买到的商品方面进行努力钻研。那家一体店还将便利店的商品和药妆店的商品组合在一起设置了一个卖场专区。

俗话说：“追二兔者，不得一兔。”如果我们希望各个顾客群都光顾我们的店铺而实施商品种类的平均化，最终无法得到任何一个顾客群的认可。我们必须根据自己店铺的实际情况确定目标人群，只有这样才能做到有的放矢。

如果不努力、不钻研、不动脑筋的话，就可能输给竞争对手。在地利上处于不利的情况下，有可能无法实现生意兴隆。

不过，只要找出别人没有的、只有自己才有的强项，并将其发扬光大，就一定能够找到突破口，建立一家畅销的店铺。

经营店铺类似于抚育子女

我认为开设、经营一家店铺类似于抚育子女。

在这个过程中，负责思考应该在什么位置开店的新店开发部所发挥的作用相当于生孩子，包括店主在内的一线员工负责抚育“孩子”，商品部负责给“孩子”提供营养，运营部负责“孩子”的教育。

每个孩子的体魄、性格、气质都各不相同，各个店铺也都具有各自的特点、性格。虽说我们的便利店是连锁便利店，但是如果针对各个特定店铺没有进行恰当的商品规划，采取恰当的促销方式的话，那个“孩子”就会摄取不到真正需要的营养，无法健康地成长。

针对开在车站内、车站附近、商务区、大学校园内、住宅区、公路旁边、机场、景点等不同地段的店铺，当然要进行不同的商品规划。因为商务人士、大学生、家庭主妇、旅客所需要的商品是不相同的。

一个便利店集团所经手的商品的“注册品种”可达几千

种之多。

然而，把这几千种商品都摆放到一个店铺里，从空间的角度来说是不可能的。对于一个店铺来说，在选择一些商品的同时就不得不放弃一些商品。店主一定要把握自己店铺的特点，努力搞清楚在店里摆放什么样的商品才能受到顾客的欢迎。开在大学校园内的便利店，必须了解学生的需求；开在枢纽站内的便利店，必须要洞察旅客的需求。

从这个角度来说，便利店虽然采取的是加盟方式，但是，实际上致力于店铺经营的是包括店主在内的一线员工。集团本部的人员当然会不遗余力地给予支持，但是一线员工的努力是不可或缺的。

如果不是连锁店的话，就必须对供给和需求进行更严格的考量。

下面给大家分享一个具体的事例。有一家蛋糕店开业了。那家蛋糕店制作的蛋糕是地道的欧洲口味，非常好吃。因为品质极好，评价上乘，那家店开业不久就成为人们热议的对象。然而，那家店开业不足一年就被迫关门了。虽然店里制作的蛋糕确实是美味的极品，但是其所处的位置和销售方法存在问题。

那家店所处的位置既不是住宅区，也不是上下班的人比较多的车站附近地区，而是在一个类似景点的地方。虽说每天会有一定数量的人去那里，但是，每天都必须从那里经过的人并不多。因此对那家店来说，顾客是以偶然光临的散客为主的。也就是说，那家店所处的位置决定了它很难获得常客。而另一个问题是店里并没有为顾客设置餐饮区。附近的咖啡厅在自家店铺的前面摆放了长凳和桌子供顾客休息。而那家店却没有这样做，甚至都没有为想要当场食用蛋糕的顾客准备纸盘和叉子。蛋糕店的经营者只设想客人会买了蛋糕拿回去食用这一种可能性，所以在服务方面没有进行细致的考虑。

结果，带着“今天虽然想在这里吃，却吃不了”的遗憾的顾客、心想“这家店的蛋糕确实好吃，但是我很少到这个地方来”的顾客比较多，那家店很难获得常客。

我所说的开设、经营一家店铺类似于抚育子女，就是这个道理。即使孩子很顺利地出生，我们也给了他们营养，但是如果我们不能提供一个合适的环境，孩子也是很难健康成长的。

立足于“假设、验证”构建畅销店铺

我们通常是先开店，然后散发小广告，接着搞清未来有可能光顾我们店铺的顾客群，最后着手订货。刚开始我们会有些紧张，经过反复试验之后，店铺的经营会走上正轨。这时我们容易陷入一种思维之中，会产生“顾客光顾我们的店铺是当然的”这种想法。刚开始，我们还在惴惴不安地想：“客人会不会来我们的店呢？”而到了这个时候，在我们看来，店里有顾客光顾却变成了很自然的事情。

然而，那不过是错觉而已。

本来，顾客不光顾我们的店铺才是理所当然的事。尽管其他店铺在以类似的价格售卖着类似的商品，但是顾客却特意来到我们的店里购物。我们如果把这件事看作是当然的事，那就错了。

零售业尽管在形态上有差别，却立足于一种世界通行的思维之上。那就是在“顾客不光顾我们的店铺才是当然的”这种前提条件下，我们必须绞尽脑汁去思考怎样做才能让那些不光顾我们店铺的顾客走进店里，观察我们的商品，购买我们的商品。

通过实践去检验自己的想法，如果商品很畅销，我们自然感到很高兴，如果商品不畅销，我们就要考虑一下自己的想法可能在什么地方出了问题。之后，我们再拿出新的方法进行尝试。我把这一连串的过程称为“假设、验证”。

如果我们只是把商品简单地摆放在眼前的话，顾客是不会光顾我们的店铺的。如果我们认为哪款商品会畅销，就要带着明确的理由进行订货、补货。如果这款商品真的很畅销，那当然好，如果不畅销，就要思考一下原因。我们不能止步于只得出“那个不行”之类的结论，而应该彻底分析、验证一下自己的假设到底错在哪里，然后做出新的假设，再进行订货。便利店经营者必须不断重复这样的过程。

另外，50 多岁的男性员工认为不错的商品，20 多岁的女性顾客会喜欢吗？反之，20 多岁的临时工以为会畅销而订购的商品中，有没有 50 多岁的顾客喜欢的商品呢？作为面向各个年龄段顾客群的店铺的订货员、商品采购员平时应该注意对别人的爱好、想法、需求进行观察、思考。

不仅是零售业，对于服务业、餐饮业来说，这种做法也适用。我们仅依靠“好像还可以”之类的感觉是无法构建畅销的商品、品类丰富的店铺的。我们只能通过各种细微的数据和不厌其烦的“假设、验证”一点一点地去构建畅销店铺。

经商没有什么奇招，我们只有很自然地去做那些理所当然的事情。

“逐款管理商品”是订货工作的关键

有一次，我参加了一家便利店开业前的准备工作。在店里看了一圈，我发现商品摆放的问题随处可见。

摆放盒饭的开放式冷藏柜，虽然只有4个独立空间，有人却订购了5款盒饭。不知道这个人打算把剩下的那款盒饭摆放在哪里。

在摆放冰激凌的冷冻柜里，只有一个独立空间摆放着畅销的“哈根达斯”冰激凌，剩下的分隔空间摆放的都是其他品牌的冰激凌。

店内虽然特意设置了摆放葡萄酒用的岛状商品陈列台，可是库存的葡萄酒却只能摆满最前面的一排，后面的空间都空着。在摆放日用品的货架上，比较畅销的保湿护手霜却没有，毛巾也只有清一色的白色。

我询问了一下负责订货的员工是出于什么样的想法订货的，他们的回答不出我所料，他们基本上什么都不想，只是机械地订货而已。

订货是一项要求极为严格的工作，是对代表一家店铺面貌的商品进行严选，进而发出订单的工作，是一项既不允许发生错误，也不允许凭借惰性、模糊的感觉完成的工作。然而，不懂得这个道理的员工依然存在。一款商品卖掉了一个，就再订购一个。这样的事即使自动订货机器也可以完成，不需要任何努力和想象。这种订货方式就是基于“明天和今天一样”这种思维的、不加任何思索的订货方式。

明天和今天不一样，这是当然的事情。天气不一样，气温不一样，星期几不一样，光顾我们店铺的顾客也不一样。今天需要为今天而订货，明天则需要为明天而订货。

对于货架上可以摆放商品的数量比较有限的便利店之类的小型店铺来说，订货工作从针对每款商品是否是畅销品的了解开始。通过“逐款管理商品”，牢牢把握哪款商品畅销应该订货，哪款商品滞销应该剔除。所有员工对于“逐款管理商品”的意义都要有深刻认识，这一点非常重要。

鉴于“逐款管理商品”对于经商来说是一个极为重要的概念，在这里我再稍微详细讲一下。

什么是“逐款管理商品”呢？简而言之就是，不断重复“对商品的严选”。其实我们作为消费者，每天都在无意识地做着这种“逐款管理商品”的工作，然而，令人感到不可思议的是，这种意识并没有运用到店铺的订货工作上。

假如你很喜欢吃面包，想必有自己喜欢的口味的面包。提起面包，有黏糯的贝果面包、蓬松的切片面包、粗大的杂粮面包等。虽说你喜欢吃面包，但是想必也不会认为“只要是面包什么口味都可以”。你会想“今天我想吃那种面包”，因此前往面包店。当你想吃肉的时候，你可能会想“今天想吃牛肉”；当你想吃鱼的时候，你可能会想“今天想吃秋刀鱼”；当你想吃水果的时候，你可能会想“我想吃梨”；当你想吃蛋糕的时候，你可能会想“我想吃那家店的博朗峰蛋糕”。于是，你会前往自己喜欢的店铺购买喜欢的商品。这就是“逐款管理商品”的思维。

然而，我们在店里工作的时候，却很容易在不知不觉中，从鲜鱼区、精肉区、水果区、甜点区之类的比较大的分类把握商品，进而采取以摆满这些区域为目的的订货方式。虽然消费者原本想要的并不是抽象的“鱼”和“肉”，而是秋刀鱼、鲹鱼、猪肉馅、牛里脊肉等具体的商品。

假设店内有一个薯片区。作为消费者，我们难道不是带着“我想吃那个牌子的薯片”的想法走向这个区域的吗？尽管如此，订货的员工却只是很笼统地考虑一下就订货了。这种做法违背了“逐款管理商品”的概念。

假设在店铺开业的时候，我们在货架上摆放了 10 款薯片，这 10 款薯片肯定不会同样畅销。其中的两成应该卖得不怎么好。如果是这样的话，我们就应该把这两成商品剔除，用更加畅销的商品取而代之。

实施“逐款管理商品”的难点在于半年、一年过后，我们原先保留的那八成商品中，还会产生两成的滞销品。随着人们喜好的变化、市场的变化、季节的变化，顾客的口味也会变化。即使当初货架上摆放的都是畅销商品，过几个月之后，货架上就充斥着滞销商品了。顾客的需求和店铺方面提供的商品之间总会产生偏差。坚持不懈地洞察这种偏差，推进商品的新陈代谢。这就是“逐款管理商品”的思维。

在这里我再强调一下，消费者并不是很笼统地在寻找薯片，而是带着“我想吃那款薯片”的想法的，消费者在寻找方便面的时候，也是带着“我想吃那个厂家的那款拉面”的想法的。

反过来，假设当初我们只准备了可以摆放 15 款沙拉的空间。如果消费者对沙拉的需求增加的话，我们不要有“我们的摆放空间只能放下 15 款沙拉”的想法，而应该做出把沙拉的种类一下子扩大到 30 款的决定。这种做法也是基于“逐款管理商品”的思维。

订货工作对于流通业来说，是最重要的意志表达环节，绝不是仅仅把缺货的部分补上就万事大吉的例行公事。要想完成好订货工作，需要花费足够的时间，培养针对各款商品的洞察力。想必有些店铺，因为苦于人手不足而无法在订货方面倾注太多精力。但是，不论在店内摆放多少滞销品，都是无法实现销售的。如果不认真订购“畅销商品”，那么订货工作就失去了意义。

“滞销商品”宛如不付房租的租客

商品可以分为两种。

一种是销售状况良好的“畅销商品”，另一种是销售状况不好的“滞销商品”。

如果我们拥有可以摆放多种商品的广阔卖场的话，对于销售状况不好的商品，可能也会带着“说不定什么时候会卖出去”之类的想法而从容地等待。但是，对于便利店这样的小型店铺来说，畅销商品、滞销商品并存的状况是不能接受的。

我们可以把滞销商品比作不付房租的租客。想象一下，如果你经营着好几栋公寓。租客A、B、C是每月都按时缴纳房租的优良租客，而租客D、E是已经好几个月没有缴纳房租的租客。租客D、E占据着你的房子，你却拿不到房租收入。那么，你还会继续把房子租给租客D、E吗?

如果租客D、E把房子腾出来，按时缴纳房租的租客就可以搬进去。

你会有“好不容易让他们搬进去的，如果让他们搬走，可惜啦。等一等的话，说不定什么时候就会付房租了”的想法吗?

可是，许多店铺的店主却有这样的想法。

许多店铺的店主出于“把商品按废弃品处理掉太可惜了，等一等，说不定什么时候会卖出去的”等想法，害怕产生废弃损失而在货架上继续摆放滞销商品。那么，就现在这个时刻而言，说不定就已经产生了机会损失。

当然，我想要表达的意思也不是“遇到滞销商品，就把它们简单地处理掉”。根据喜好进行订货，如果滞销的话，就把商品做废弃处理，这是做生意最忌讳的方式。

我希望经商的人能够具备辨别“异常废弃”与“正常废弃”的能力。

“异常废弃”就是刚才所说的在不假思索的订货后，对大量商品进行的废弃处理。

“正常废弃”则是指在“假设、验证”过程中被认定的必不可少的废弃。

想必所有经商人士都有自己预测、坚信会畅销的商品实际上却并不畅销的经历吧。人无完人，所以，对我们来说，只要不断努力提高订货的准确度就可以了。

那么，问题出在哪里呢？问题就在于当我们已经明白自己订购的某款商品，无论怎样努力都卖不出去的时候，却以“太可惜了”之类的理由而继续把它摆放在店里。我们本应把卖不掉的商品迅速下架，把确信会畅销的商品摆放到货架上。可是，大家却不这样做。这种做法等同于放弃了自己的生意。

如果我们混淆了“正常废弃”与“异常废弃”，采取什么都不废弃的方针，就会给店里带来很大的损失。假设店里30%的商品是滞销商品，那么这家店实际上就只是在依靠70%的商品运转。

如果顾客对我们的店铺产生“这家店里没有什么想要的东西”之类的想法的话，光顾我们店铺的顾客会逐渐减少。

另外，机会损失也分为两种。

一种是顾客虽然对某款商品有需求，但是店内却没有摆放这种商品而造成的损失；另一种是在店内持续摆放滞销商品而造成的损失。忽视顾客的需求是两者的共性。顾客需要的、想要购买的商品，店里没有。而顾客不需要的、不想购买的商品，店里到处都是。

在现实生活中，如果把不太畅销的商品摆放到卖场上，会给人一种“这家店的商品很丰富”的错觉。然而，不管摆放多少商品，如果都是顾客不想购买的，那和不摆放这些商品在店里没有任何区别。

在盛着污水的水池里，无论倒入多少干净的水，水池里的水都不会变得清澈透明。如果没有把水池中的污水排掉，重新注入新水的决心，问题是无法得到根本解决的。

不摆放“暂时性”商品

在本来应该摆放某款畅销商品的货架上，因为这款商品临时缺货，我们就在货架上暂时摆放了一些其他商品。你有过这样的经历吗?

从原则上来说，我们是不允许畅销商品出现缺货的。但是，万一这种情况真的发生了，请各位对于采取刚刚所说的那种临时性措施一定要慎之又慎。

为什么呢? 如果我们看到货架上没有商品，就会马上联想到商品缺货的事情。然而，如果我们把“暂时性”商品摆放在货架上，就会忘记本来应该摆放在那里的畅销商品已经缺货的情况。

最终就会形成在店里“暂时性”商品比比皆是，而畅销商品缺货的情况随处可见的局面。

关东煮缺货的原因

在一个冬天的夜晚，9 点左右，我走进一家便利店，当时店里关东煮只剩 3 个品种了。那天是因为同行的人想要吃关东煮，我们才走进那家便利店的，最终因为想要的品种已经没有了，就什么都没有买。这种情况就会造成机会损失。

那么，我们思考一下，为什么在那个时间段，关东煮会缺货呢？嘴上说“不能缺货”很容易，然而，如果对于缺货的原因没有正确理解的话，同样的事情还会再次发生。

第一个可以想到的原因是订货的数量有问题。那家便利店为了防止关东煮缺货，有没有为确保那些受欢迎的品种有足够的库存而努力了呢？这个责任在关东煮订货负责人身上。

第二个可以想到的原因可能是在业务分工上出现了问题。在这个时间段，店里有两名兼职。我问了一下他们，他们回答说没有收到关东煮补货的指令。这个责任在负责管理兼职人员业务分工的店长身上。

第三个可以想到的原因是对这种状态发生持放任态度的店主、店长、本部派来的监管员（SV）共同的问题。想必在那家便利店，关东煮缺货的情况并不是那天偶然发生的。每天订购的商品是不是实实在在地送到了店里？订货量是不是合适？库存是否合理地得到了补充？兼职人员是否也被赋予了针对上述这些事项进行检查的责任？只有各种细致的措施都做到位了，店里才会摆放上合适的商品，并带来业绩。针对这件事，我们必须进行深入的思考。

可是，刚才提到的那些问题，顾客是完全不了解的。顾客想吃关东煮的时候，品种却不齐全。这个事实就足够了。顾客并不关心“为什么缺货”“缺货是谁的责任”之类的问题。这个便利店会给顾客留下“连关东煮的品种都不全”的印象。而对顾客这种“本来应该有的东西却没有”的失望的感觉，便利店很难获得挽回印象的机会。这是我们今后一定要注意的问题。

为什么食品不能缺货

在便利店里，摆放着许多食品。但是，其中摆在收银台旁边销售的法兰克福香肠、干炸食品、炸鸡、关东煮等是绝对不允许缺货的。

比较极端地说，除非是发生了石油危机，手纸的销售量绝对不会增加到原来的两三倍；除非是遇到了情人节，巧克力的销售量绝对不会增加到原来的两三倍。

可是，如果我们付出了足够的努力，把炸鸡、关东煮等食品一天的销售量增加到 1000 件也不是不可能的事。

一些便利店，明明知道中午会有顾客来店里排队购买午饭，到了中午，依然会有法兰克福香肠缺货，干炸食品库存不足之类的情况发生。这可能是因为便利店方面为了避免这些食品卖不完而不得不做废弃处理的情况发生，而把库存控制在较低水平的结果。

然而，请大家试想一下。关东煮、炸鸡、炸薯条、包子等都不是顾客购买之后可以放置一段时间的食品。这些都是顾客购买之后就想马上食用的，是可称为“即时消费商品”的食品。假设有位顾客想吃这几种食品中的一种，比如炸鸡，于是就去排队，终于排到的时候，却被告知“炸鸡卖完了”，你要是这位顾客会是什么心情呢？或许那时你已经做好了品尝美味炸鸡的准备。

这位顾客会想“炸鸡没有了，包子也行”，进而简单地完成心情的调整吗？

这样遗憾的事情，如果连续发生两次就已经够多了。这位顾客可能就不会再光顾这家便利店了，应该是去寻找不论什么时候都能买到自己想要商品的便利店了吧。

针对食品缺货的问题，便利店的员工可能会有“今天偶然缺货而已”的想法，但是这却会给顾客留下“这家便利店里没有自己想要的商品”的印象。

咖啡、食品等商品是拥有稳定回头客的商品。这是因为人们已经养成了每天都要喝，或者每周一定要吃两次的习惯。

对于便利店来说，大幅提高单店日均销售额的关键在于食品，所以绝对不能允许食品缺货的情况出现。

对于名牌商品、具有很高价值的商品，“今天到此为止全部卖完了”之类的情况是允许发生的。卖方的“一天限售××件”等做法会使顾客感受到一种价值，进而能够刺激顾客的购买欲望。

可是，这种稀有价值很高的商品和“店里本来应该有的商品”本质上是不同的。针对很容易买到的商品，仅仅因为便利店方面的疏忽而造成缺货的情况，顾客只会对便利店做出负面的评价。

而这种缘于食品的经历会给顾客留下很深的印象。

只在下雨天才摆放雨具

与超市相比，我们的便利店只能在一个绝对狭窄的空间内做生意。便利店只能在下雨天才在店内摆放雨具，并没有晴天时也在店内摆放雨伞和雨衣的空间。这一点对于所有的小型店铺来说，都是一样的。

晴天的时候，我们进行针对晴天的店内布置；雨天的时候，进行针对雨天的店内布置；阴天的时候，就要努力把店内布置调整为适合阴天的模式。

我常常说："从事便利店工作的人们一定要比气象台还上心，仔细地分析每天的天气、气温！"想必便利店以外的行业也需要仔细地关注天气等影响人们行为的因素吧。

比如，雨天走进百货商场的大门，就会看到门口地面上铺着的雨天用的脚垫。有些吃茶店里会贴着"如遇雨天，立减100日元"的告示。每逢雨天，人们的忧郁之情会油然而生。所以，消费者如果看到店家这么贴心的告示，一定会感到愉悦的。

我们每天在店里都要针对"明天天气怎么样，人们会穿着什么样的衣服上街""明天人们会有多渴""明天人们会做什么程度的保暖"等问题进行分析。

我每天都紧盯着天气预报、气象信息，以至于过去40年间气候重大变化的信息都烂熟于心。因为气象信息对于我们应该在什么时候开始全面铺开关东煮、冰沙等季节性商品的电视广告，竖起这些商品宣传用的旗帜，进而启动促销活动有很大的影响。

对于便利店里的一般员工来说，即使不了解一周以后的天气状况，第二天的天气还是比较容易预测的吧。如果预测第二天会下雨，就要预先大幅增加雨伞的订货量；如果第二天真的下雨了，就要对被顾客弄湿的店内地面进行频繁的清洁。这些是所有员工都应该关注的问题。

便利店行业有一种叫作“高频率配送”的系统。这种系统在其他流通行业是没有的。便利店虽然面积很小，但是经手的商品非常多。如果让各个便利店分头保管几千种商品的话，各个便利店就必须要拥有比店铺的面积还要大的仓库。于是，各大便利店集团在各个地区集中设立了仓库，建立了可以频繁进行配送的体系。这样，各个便利店从厂家订货时，再不用像以往那样必须大批量订货了，而是实现了小批量订货。一般来说，日用品一天配送一次，盒饭、饭团等食品则是分早、中、晚三次配送。

然而，虽说有了这样的系统，如果我们没能正确理解它的存在意义，那么它的存在意义就只是停留在“一天可以配送好几次”的层面上了。

希望大家能够基于“明天是晴天”“明天旁边的小学有运动会”“他们需要什么呢”等详细而具体的信息展开想象，对这个系统加以充分利用。

20%的计划外工作会左右销售额

店铺里每天的工作大致可以分为两种，即计划内工作和计划外工作。其中，计划内工作是指每天必须要做的工作，订货、每天定时的保洁等都属于计划内工作。

然而，每天只是机械地完成计划内工作的店铺是不能吸引顾客的。一家店铺在计划外工作方面倾注了多少心血才是具有举足轻重意义的。

计划外工作包括：发现地上有了垃圾，就把它捡起来；发现顾客使用后的餐饮区的小桌上有污渍，就迅速将其擦拭干净；发现顾客拿起来又放下的商品有些凌乱，就把这些商品认真摆放整齐。这些便是计划外工作。对于便利店工作人员来说，计划外工作是分内的工作。然而，还是有些员工会说：“因为实在太忙了，这些很难做到位。”

虽然店里工作的80%是计划内工作，但是仅占20%的计划外工作的完成状况却决定着店铺的水平。作为一名员工，我们不要有“分配给我的工作就这些，所以我把这些完成了就足够了”的想法，而应该一直保持一种在店里寻找自己力所能及工作的意识。

这不仅限于便利店。我们走进其他行业的各种各样的店铺时会发现，因为种种原因，这种计划外工作做得不好的情况比比皆是。这种情况出现的原因主要有两点：一是因为员工没有主动处理计划外工作的意识，久而久之，卖场就会显得很杂乱；二是销售人员、店员的人数太少，根本无暇顾及那些工作。

近年来，各行各业都面临着严重的人手不足问题。而那些在工作时间内只能完成计划内工作，忽略了计划外工作的店铺，应该带着危机意识，重视这种现象。

不过于依赖数据

与周末相比，有些商品每逢周一，销售额就会上升。香烟、小包装的乳酸饮料、连裤袜、报纸等商品就是这样。口香糖和糖果也是如此。然而，周末畅销的口香糖和平日畅销的口香糖不一样。口香糖周末的消费场景和平日的消费场景不同，这或许可以说是必然的事。

这种情况当然不仅限于口香糖，盒饭、熟菜、饮料等周末畅销的品种与平日畅销的品种也会不同。

经营者通常非常重视数据信息。我们可以通过POS获得哪种商品在什么时候，什么地点，卖掉了多少等详细信息。

POS是Point of Sales System的简称，被译为“销售时点信息系统”。简单地说，这是一个可以供人们实时共享全店商品销售数据的系统。

在我们订购某款商品的时候，POS除了会显示那款商品的厂家所提供的详细信息外，还会提供把那款商品摆放在哪个货架上效果会更好等建议、那款商品在其他店铺的销售状况等信息。

但是，恰恰是因为有了这种便利的系统，我们对一些事必须重视。

假设某款薯片开始售卖了。我们掌握了这款薯片一周的销售数据，其中包括这款薯片在销售量最高的那家店的数据，以及在某家店销售量为零的数据。

然而，POS并没有告诉我们，那款薯片到底是摆放在了顾客容易看到的位置，还是摆放在了岛状商品陈列台下面的不起眼的地方。根据各个店铺的位置和顾客群的不同，畅销商品当然也不同。

也就是说，POS功能极为强大，能够起到很有价值的参考作用。但是，如果我们完全依赖它，那是危险的。如果我们在看到基本条件各异的数据之后，完全参考这些信息进行商品规划的话，等同于放弃自己的思维。

POS提供的数据仅仅是过去的数据而已。构筑面向明天、面向未来的店铺的是我们自己。我们可以在确认某款商品昨天在别的店里卖掉了多少的数据之后，思考一下在自己的店里怎样利用这些数据。然后，我们提出假设，对假设加以验证，之后再提出假设。只有脚踏实地地重复这个过程，才能够构筑起畅销的店铺。

让新商品的“刺激感”更加强烈

我们采购了新商品，但是销售状况却不好。遇到这样的情况，应怎么办呢?

在前面，我给大家讲述了有关“畅销商品”和“滞销商品”

的相关知识。在店里，如果是畅销商品，就维持大量的库存，如果是滞销商品，就要毫不犹豫地剔除。这是一个原则。

然而，对于销售状况不好的新商品，如果我们马上就得出“这款商品卖不掉”这样的结论而终止该商品的销售，那是危险的。在决定是否剔除某款商品之前，我们需要再认真地考虑一下。我们是否为了能让顾客看到那款商品而下了功夫？对于那款商品的摆放位置，我们是否进行了周密的考虑？

对于店里引进新商品的事，店里的员工是非常了解的。但是，从店里销售的几千件商品中，顾客能够完全了解哪些是新商品，哪些是老商品吗？

如果我们只是把新商品往已有的商品旁边一摆就觉得万事大吉了，那顾客觉察不到新商品的可能性就比较大。

为了吸引顾客的注意，我们需要在给新商品配上卖点广告、选择醒目的货架等方面做出努力。这可以说是我们要做的最基本的事情了。另外，摆放到货架上的商品的数量也很重要。出于“因为不知道是否会畅销”的想法仅仅摆放5件商品，即使销售状况不好，这也算不上是真正对顾客反应的测试。如果我们真的想销售这款商品的话，就要把这款商品整整齐齐地摆上一大排，否则，是不能引起顾客注意的。

请大家回想一下书店的场景。我们走进书店，一般首先会看那些正面朝上整齐摆放的新出版的图书。我认为完全无视这些新书，而直接来到书架前，一本一本地查看书脊的人很少见。书店方面就是通过给新书配上卖点广告，把许多本新书正面朝上摆放的方式，向顾客传递“很畅销”“这是新书”“推荐给您”之类的信息，进而展开强烈的宣传攻势的。

对于某款新商品，我们如果确信它会畅销，不要采取“订购 5 件做试验”之类的战战兢兢的订货方式，而应该通过采购足够的数量，尽可能地在店里争取空间进行摆放的方式，面向顾客展开“这是新商品”的宣传。我们还要注意维持充足的库存，以便在商品卖掉以后能够及时补货。否则的话，如果因为白天很畅销，傍晚时出现了缺货，我们甚至都无法向傍晚以后光顾我们店铺的顾客传递已经引进了新商品的信息。

对于商品的卖家而言，“一定要卖”之类的坚定意志是必不可少的。

如果店主抱着“买不买是顾客的事”这种事不关己的想法开店的话，店内的商品构成一定十分模糊。光顾这样的店铺的顾客也会感到不知买些什么才好，也搞不清楚什么商品值得尝试一下，什么商品是这家店铺的主打商品。

对于一家店铺来说，新商品是一种刺激性的东西。顾客就是寻求这种发现新商品时的小小的激动才光顾我们店铺的。如果我们不把新商品的这种刺激感更为强烈地表现出来，新商品就会被埋没。在这里，我想强调一下，只有在货架上摆放一定数量的新商品，对新商品进行大力的宣传，加强其存在感，顾客才会有“卖场和以前不一样了”的感觉。

打折销售是一种“毒品”

我认为降价销售、大减价、打折销售等举措是“毒品”。

许多人持有“同一款商品售价越便宜越受顾客欢迎”的观点，事实真的是这样吗?

卖家在销售旺季，按照定价销售商品，在销售旺季快结束时，通过打折销售的方式处理库存。这种做法究竟算不算是卖家针对消费者的诚心诚意的服务呢?

假设一位顾客以前在某家店里按照定价购买过某款商品。一天，那位顾客又光顾那家店铺时，发现店主正打出以“大减价商品”“特价”“五折优惠”等为卖点的广告促销那款商品。想必那位顾客会有一种吃了亏的感觉吧。其他想要购买这款商品的人，看了这些广告也会对那款商品本来的价值产生怀疑。

从事销售工作的人如果也习惯了打折销售这种“毒品”，就会削弱自己按照定价销售商品的力量，也会削弱自己的销售能力。

对于经营者而言，采购商品，然后按照定价销售商品是基本原则。为了给顾客一定的“刺激感”，我们可以在一段时期内举办促销活动，但是不能有“不假思索地尽情生产也没关系，可以把没有卖掉的商品减价销售”这种简单的逃避式想法。

真正的服务是“在顾客想要的时候，以顾客想要的方式，按照顾客想要的数量，为顾客提供想要的商品”。

顾客不是因为“商品价格便宜”，而是因为“商品很好”，所以才购买商品的。这是经商的基本原则，请大家不要忘记。

“售罄”不是成功而是失败

在前面，我给大家讲述了有关培育“销售力量”的内容。然而，我们通过销售，取得了“售罄”的结果，我们该如何看待这样的结果呢？实际上，我们需要对这种“售罄”的结果加以注意。

在一些便利店，食品的订购量和销售量基本上是一致的。乍一看，我们会以为这是一家拥有“销售力量”的店铺，因为这家店铺每天订购的商品总是能够卖完。

然而实际上，这家店铺不是一家“竭尽全力”的店铺，而是“原本销售量可以更大，但是因为订货量不足而贻误了商机”的店铺。

假设有一款盒饭，我们做出了“可能会卖出 10 盒”的预测。那么，我们订货的时候，应该订几盒呢？

答案不是 10 盒，而是 12 盒。

也就是说，我们应该把事先预测有可能会做废弃处理的 2 盒也算进去。

有可能会做废弃处理的 2 盒盒饭，确实有些可惜。但是，前面我讲过，废弃分为“正常废弃”和“异常废弃”两种。对于食品而言，占总销售额一定比例的废弃数量属于合理的废弃范围，是必要的投资。对于这一点，店主必须明白。

那么，为什么要订购这有可能会做废弃处理的 2 盒盒饭呢？

那是因为我们人类的心理非常不可思议。如果顾客看到货架上只有 1 件商品的话，就不会产生“想要”的想法，只有看到商品达到一定的数量时，才会产生“想要”的想法。

如果我们只订购1件商品，想必这个商品是卖不掉的。从店内某款商品的库存卖到只剩下1件的那一刻开始，店里就出现了废弃商品。

也就是说，对于订购10件，卖掉10件这样的事实，店主不但不应该感到高兴，反而应该感到后悔。那是因为如果当初订货量再大一些的话，销售量应该会更大。

我们不应该设置“100%售出”之类的目标。这是因为即使在我们为达成这样的目标而沾沾自喜的时候，达成目标的背后也一定有因为我们缺货而没买到商品的顾客的遗憾。

我非常理解店铺方面想要尽量压低废弃率的心情。我在这里也不是号召大家把大量食品做废弃处理，不必介意做废弃处理的商品而一味订货就好。

但是，如果我们把“1件商品也不废弃”作为目标，对订货采取消极的态度，我们的店铺是不会变为“畅销店铺”的。

在预测了废弃数量的基础上进行订货，会带来销售业绩的上升。这一点已被以往的数据所证明。

在某日夜暮降临时，当你走进一家面包店，发现盛放面包的箱子里只剩下两三个面包；当你走进一家鲜鱼店，发现店里只有很少的鱼；当你走进一家鲜花店，发现店里每个盛放鲜花的桶里只有两三枝鲜花。想必很多人都有出于购买的需要而特意来到某家店，却因为看到上述情况而无法产生购买欲望，最后什么都没有购买悻悻而归的经历。如果店铺有害怕产生废弃的想法，那会给顾客留下想要购买某款商品却没能买到的遗憾。

增加商品品种的弊端

还有一件事，对它产生误解的人也比较多。那就是，人们对“只要增加商品品种，销售业绩就会上升”这种观点深信不疑。

在前面，我给大家讲述超市与便利店的区别时，曾经说过两者商品规划的思维是不同的：对丰富的商品品种有需求的顾客会光顾超市，那里有“选择的自由”；与超市不同，便利店则为顾客提供“不选择的自由”。

即便是我们这些在便利店行业工作的人，在某个时期以前也在努力增加商品的品种数。当然，我们摆放在货架上的商品都是经过严选的商品。我们在尽可能地丰富商品品种方面进行了反复试验，理由是我们坚信商品品种越多顾客就越高兴。

然而，最后结果怎么样呢？我们的销售业绩不断下滑。

增加商品品种的弊端大致有两个。

一个是由于我们增加过多的食品品种，制作这些商品的工厂陷于疲惫。当初，我们注册的盒饭、三明治等食品就有200种之多，工厂为了制作这些商品耗费了过多的人力和物力，进而丧失了在各款商品上进行精雕细琢的能力。

另一个弊端就是，因为注册品种过多，便利店方面在订货时也会犹豫不决。最终，由于“滞销商品”和“畅销商品”混杂在一起，卖场变得很杂乱。

乍一看，让消费者从多种多样的选项中做出选择很不错。这实际上是一种完全依赖顾客来判断的做法。我们总是在叮嘱店主“请选择畅销商品”“请对滞销商品和畅销商品进行辨别”，可自己却不加选择地推出了大量的商品。这是毫无道理的事。

采取增加商品品种的做法，会让我们陷入“瞎猫也能碰上死耗子”的粗放式商业模式中。后来，我们终于意识到自己的问题，朝着根据顾客的需求来锁定商品的方向进行了调整。

商品品种减少了，销售额却上升了

后来，我们把商品注册品种压缩到了4600种以下。我们的注册品种在之前的某一时期曾经超过5500种。

令人感到有趣的结果出现了。虽然我们削减了大约 20% 的注册品种，单店日均销售额却开始上升了。

伴随注册品种的减少，便利店的新商品引进率也提高了。这是单店日均销售额上升的主要原因。在那之前，注册品种达到最高水平的时候，便利店的新商品引进率非常低。然而，我们一旦削减了注册品种，新商品引进率就上升到了一个很高的水平。

越是商品品种削减得多的店铺，新商品引进率就越高，这也直接带来了日均销售业绩的提升。

这其实是很显而易见的事。我们想一想自己家里的情况可能就会明白。我们如果站在物品杂乱堆放的房间里，就会弄不清楚什么是真正需要的东西，什么是不需要的东西。然而，我们把房间收拾整齐以后，有用的东西和没用的东西就一目了然了。

即使我们有 50 件衣服，实际会穿的衣服却常常不到 10 件。剩下的那些衣服，有些或许是很早以前买的，现在穿着已经不适合，又或许是舍不得扔掉的高档名牌，更有些或许是作为礼物收到的，处置起来有些犹豫不决的衣服。然而，不论是什么样的理由，这些不穿的衣服终究还是不会穿的。这样的衣服可以说是我们家里的“滞销商品”。

从店铺的角度来说，只有剔除畅销商品以外的所有商品，才能够真正弄清店铺需要的商品是什么。

不过，这个时候，我们一定要告诫自己，不要采取这样的订货方式。那就是在出于“各种商品都想放在店里销售”的想法而一味地扩大商品品种的同时，而各款商品却只订两件的订货方式。

每款商品的摆放数量都很少的店铺，在顾客看来，就成了一眼望去全是滞销商品的店铺。在前面我曾经说过，作为一家店铺，如果真心想销售一款新商品的话，只有在货架上摆放足够数量，才能给顾客带来“卖场和以前不一样”的感觉。

如果有人每次订货数量总是停留在一两件的水平的话，需要引起注意。这个人这样做大概并没有什么明确的理由，而只是出于“有可能会卖掉”这种单纯的想法而进行订货的。这种做法还是尽快纠正比较好。

一天只售出两件的商品的去留

假设某款商品一天只能卖出两件。我们是应该剔除还是应该保留这款商品呢？

按照前面的说明，这款商品属于“滞销商品”，我们应该马上做剔除处理。

然而，有一点大家需要注意。我们在对摆放在货架上的商品的去留做决定的时候，应该认真思考两个重大问题。

一个是“现在市场上什么比较畅销”这类的市场问题，另一个是“今后什么会畅销”等趋势问题。

当收到“一天卖掉两件”的汇报，我们就仅仅依据数字立刻做出判断，容易犯错误。是以前一天可以卖出 10 件，而现在一天只能卖出两件了呢？还是以前一天一件都卖不出去，而现在一天可以卖出两件了呢？同样是两件，背后隐藏的信息却迥然不同。

如果是前者的话，我们就不得不考虑剔除这款商品。但是，如果是后者的话，这款商品今后的日均销量有可能会增加到 4 件，现在的两件可能是预示销量开始增加的信号。

我们如果只看眼前的数字，就会做出错误的判断。我认为与以往的数字进行比较，从市场、趋势两方面进行分析具有重要的意义。

在前面，我给大家讲过对滞销商品做废弃处理，削减商品品种等方面的内容。削减库存并不意味着一味减少库存。

假设在一家杂货店里，货架上只有 10 件商品。这家杂货店的做法不是“削减库存”，而是等同于“放弃了做生意”。

我们切实把握了顾客想要购买的商品数量，以这个数量作为店内摆放量，则这个摆放量被称为合理摆放量或最低库存量。

这个数量因店铺的规模、所处位置、店铺概念的不同而不同。所以，哪款商品摆放几件最合适，不能一概而论。

各个店铺只能通过以往各天的销售情况来确定符合自家店铺的合理摆放量。

每天顾客都在发生变化。每天光顾我们店铺的顾客也会不同，同一顾客昨天和今天的情况会不同，一个月之前畅销的商品在这个月有可能会滞销，这个月卖得不好的商品下个月也有可能会畅销。我们每天都要面对商品和顾客，努力把握合理摆放量。

销售力量

假设这里有一个做鲜鱼生意的人。他一个人经营着一家小型鲜鱼店，从进货到销售完全依靠他一个人。

清晨，他开着卡车前往鲜鱼市场，根据自己的判断采购应季的鲜鱼。他一边在脑海中回想着那些常客的面容，一边认真地思考：“采购一些什么样的鱼，顾客们会高兴呢？”

假设他想要采购非常新鲜的秋刀鱼。眼前的秋刀鱼确实相当新鲜，但是今年秋刀鱼的市场价格非常昂贵，已经超出了一般顾客所能接受的范围。这一点令这个做鲜鱼生意的人纠结不已。

不过，他又想:“今天是25号，许多公司会在今天发工资，小小奢侈一下也还是可以的吧。”于是，他多采购了一些秋刀鱼。

接下来，他怎样做才能把鱼都卖掉呢?

首先，他会努力向顾客展示自己采购的秋刀鱼是如何鲜活。接下来，他会热情地向来到店里的顾客打招呼，积极向他们宣传自己店里的秋刀鱼是在哪片海域捕捞到的、品相是如何肥美、味道是如何美味，使尽浑身解数投入到销售工作中。

之所以会举这个做鲜鱼生意的人的例子，是因为我认为他的做法恰恰是我所想象的“做生意”的原点。做生意原本就是一个人自己采购商品，自己摆放商品，自己销售商品。

然而，我们现在的工作是要靠各种各样的人、各种各样的部门来协调推进的。负责销售的部门大致包括营业部、商品部等部门。在营业部又下设熟食部、日用品部等分部。

这种情况不仅存在于便利店行业，想必在当今的世界上，从采购到销售的所有业务都由一个人完成的店铺越来越少了吧。即使在餐厅里，人们也进行了细致的分工，有人负责食材的采购，有人负责准备工作，有人负责为厨师做辅助工作，有人负责餐厅大堂的待客服务工作，有人负责会计工作。在销售服装、杂货的店铺里，有人负责商品制作，有人负责采购，有人负责店铺经营，有人负责销售，有人负责财务。各个岗位上的人同心协力支撑起一门生意。可以说，仅一件商品就不知凝聚着多少人的心血。

不过，在这个过程中，人们对商品倾注的感情、制作者的想法、采购者的想法很容易被遗忘。人们是出于什么样的创意提出的这款商品的建议，如何开发的配方（制作的样品、采购的食材），如何制作的商品，经过什么样的运输过程把商品摆放到店铺里的，这些内容都变得微不足道了。

在当今市场巨大化的背景下，分工可能是无奈的选择。然而，即便是这样，做生意的原则依然是一个人自己采购商品，自己摆放商品，自己销售商品。从事流通行业的人不能忘记这种精神。

负责商品采购的人，在采购商品之后，一定要针对采购的理由用语言对店铺的员工进行认真说明。关于一款盒饭是经过怎样的过程制作出来的，盒饭里的鱼是在哪里捕捞的，用什么样的烹饪方法制作出来以后装进饭盒里的，这些内容也是店铺里的员工需要了解的。

连锁便利店事业是由出资金额各异的多家公司投资，由各家店铺和总公司的人员各自组成团队共同参与构成的巨大的有机体系，进而不断取得成果的事业。

这种模式，虽然在各种各样的领域规模有所不同，但都是可以看到的。当今的时代已经不是江户时代[①]了，一个人自己采购商品，自己销售商品的店铺越来越少。

任何人都希望商品能够畅销。然而，要想实现商品的畅销，除了掌握细致的技巧以外，针对凝聚在商品上的众多人的各种各样的想法而展开想象，也是具有重要意义的。我们想要把这种集众多人士的创意、热情于一体的商品奉献给顾客。我认为这种态度在当下是尤为重要的。

① 始于 1603 年 3 月 24 日，止于 1867 年 11 月 15 日，前后历时 264 年。该时代为德川家康所创立，幕府设于江户即现在的东京，故称“江户时代”或“德川时代”。“江户时代”是日本封建社会的最后一个阶段。——译者注

第三章

应变能力培养

——洞察世界上的种种变化——

夏季过去的时候

在一个烈日炎炎的日子里，走在户外的你想要喝一杯凉爽的冰咖啡，于是，你走进一家咖啡厅。咖啡厅里非常凉快，你终于可以坐下来休息一下了。

夏天的时候，人们会有“今天吃点冰激凌吧”“晚上这么热，喝点凉爽的啤酒吧”的想法。于是，这些商品就非常畅销。可以说，夏季是一个商品畅销的季节。

虽然我们不敢断言夏季是一个闷声就能把商品卖掉的季节，但走在骄阳似火的户外的人们为了消暑纳凉确实会购买各种各样的商品。每逢这个季节，在便利店里，冷面、荞麦冷面、饮料、营养饮料、冰激凌、止汗剂、对中暑有预防作用的烤鳗鱼盒饭①、烤肉盒饭、咖喱熟菜等的销售业绩都非常好。

每逢夏季，面向夏季开发出来的吸汗效果良好的内衣、用麻布等凉爽材质制成的服装，沙滩凉鞋、夏季用的包包，具有防紫外线功能的帽子、太阳镜、太阳伞等非常畅销。许多人会在8月迎来夏季休假。所以，每逢8月，客机总是座无虚席，

---

① 按日本传统，人们会在“土用丑日”这一天吃鳗鱼，希望可以补充身体需要的营养，战胜酷暑，所以一般认为鳗鱼有防中暑的效果。——编者注

日本各地的景区、度假胜地、电影院、露天音乐会会场、游泳池、海边都会热闹非凡。

夏季的时候人们对商品的需求到底有多旺盛，我们把便利店每个月的销售业绩排列一下就一目了然了。便利店销售业绩最高的三个月依次为7月、8月、12月。每逢12月，由于有圣诞节，蛋糕和鸡肉会比较畅销，另外便利店会接受新年用的高档节年菜的预约，所以，12月的销售业绩会比较高。然而，尽管如此，销售业绩排在第一位的时间段还是非盛夏时节莫属。

我们具体看一下夏季的便利店商品都有什么。每当夏季来临，休假娱乐用的焰火套装，野营用的木炭、引火剂、地图、手套、冰块都非常好卖。需要长时间开车的人们会购买饮用水、太阳镜、营养饮料、瓶装口香糖。在盂兰盆节①休假回老家或者出门旅行的人们会购买防晒商品、手机充电器、化妆品等。

这样的季节对于经营者来说是非常难得的。因为畅销商品比较容易把握，所以商品开发和卖场设置的工作也相对比较容易。

---

① 在日本，“盂兰盆节”也被称为“中元节”，是仅次于元旦的重要节日，也是一个与中国传统文化有深厚渊源的节日。现在一般在阳历8月15日前后。每逢盂兰盆节，日本全国都会放长假，人们会返乡祭祖并与家人团圆。——译者注

然而，那样令人愉悦的季节终归是要过去的。最高气温下降到30℃以下的时候，我们就开始感受到秋季已经来临。此时，我们什么都不用管，顾客自己就会摆脱“先来杯冰咖啡”“先来杯啤酒”“先来杯冰沙”之类的念头，这意味着顾客因冲动光顾便利店的季节已经结束，各大连锁便利店集团又迎来考验真正实力的季节。面对头脑冷静地审视商品的顾客，便利店如果不能推出足以吸引顾客的商品结构，销售业绩自然会下滑。

在不能依赖季节时，我们的商品开发能力和销售能力会在秋季倍受考验，怎样做才能完成与去年同期相同的业绩，扩大我们回头客的规模呢？各家店铺、各行各业的人都开始了尝试。

世界上充满了“变化”

在我们生活的日本乃至全球，存在各种各样的“变化”。每年的季节更替可能是我们比较容易想到的变化，而季节更替中还隐藏着冷夏、暖冬等令人意想不到的“变化”。在盛夏时节，冷饮等夏季商品会比较畅销，然而，如果遇到冷夏，这些夏季商品的销量就会不见起色。

在遇到冷夏、暖冬的时候，就会出现本来应该畅销的商品却不畅销的现象。

特别是近些年，随着全球性气候变化的加剧，不符合季节的台风、大雨、大雪、酷暑、冷夏等异常气候纷至沓来。面对这样的异常，经营者就会说“雨要连续下好几天”“今年的夏天太凉了”“台风好像要来了”，对异常天气怀着一种喜忧参半的复杂心情。

气候和季节的变化，对商业会产生重大的影响。所以我在前面说过，店主在经营自己的店铺时，一定要保持对每天的气温和天气的关注。

与此同时，我们必须在商品规划、卖场设置等方面下功夫以适应气候的变化。那些把自己的销售业绩不好归咎于天气不好的人，算不上是有商业头脑的人。

下面给大家讲一个啤酒销售的例子。通常遇到冷夏，啤酒的销量会不好。然而，如果我们推出可以刺激顾客的好奇心与味觉的进口啤酒的话，情况就会不同。

前几年的某个夏季发生了这样一件事。那年恰逢冷夏，往年毫不费力就能实现畅销的冰激凌的销售业绩与前一年相比大幅下滑。与冰激凌的销售状况形成鲜明对照的是，啤酒反而非常畅销。因为在这一年，我们推出的新款啤酒引起了人们的关注，所以尽管遭遇冷夏，我们的啤酒依旧非常畅销。也就是说，如果我们能够推出新商品，刺激顾客的好奇心，就能不受气候因素的影响而维持我们的销售业绩。相反，我们没有能够开发出让顾客感兴趣的新款冰激凌。

气候的变化超越了我们人类的智慧，是我们无法改变的。尽管如此，也不能把命运交给气候，任由它摆布，我们必须依靠自己的力量制定出实现畅销的策略。

世界上充满了“变化”。气候的变化、经济形势的变化、社会结构的变化、人们喜好的变化、生活方式的变化、就业状况的变化、人们价值观的变化、公司经营的变化等，各种变化不胜枚举。我们正是在各种各样的“变化”的包围之中生存、经营的。

无视“变化”就会导致我们生意的停滞。如果消费者的需求已经发生了变化，我们却毫无觉察，继续依赖以往的畅销商品，顾客就会放弃我们的店铺，转而光顾新的店铺；员工已经提出了要求改善就业环境的意见，公司的上层领导却对这些意见充耳不闻，继续坚持独断专行的工作方式，就会打消员工的工作热情；市场上已经出现了新的强有力的竞争对手，我们却依然复制以往的成功模式的话，这迟早会使我们从市场上消失。

在这个多变的世界上，要想不断推出实实在在的畅销商品，秘诀之一就是培养我们密切关注各种“变化”进而实施“应对”的能力，即“应变能力”。

一些盛极一时的店铺、企业、行业会随着时间的推移而走向衰落。想必这是由于它们忽视了“应变能力”，顽固地坚持以往的成功模式的缘故吧。我们要想在商业上取得成功，并把这种成功状态维持下去，针对世界上各种变化的观察能力、感知能力以及灵活的应对能力都是必不可少的。

在这一章，我想就变化的类型和应对变化的实例给大家分享一下我的经验。

手套什么时候会畅销

2 月的一天，我来到一家便利店，看到手套等防寒用品每种有 4 款摆放在货架上。

2 月确实还很冷，人们还离不开大衣和手套。然而，请大家好好想一想，这已经是漫长的冬季即将过去的 2 月。要是初秋时节或许不太好说，想必已经度过了漫长冬季养成保暖习惯的人们出门不会不带手套、口罩吧。即使忘记带了，一想到下个月天气就开始转暖了，也不会有多少人乐意去购买，况且是在便利店。

对于零售业，尤其是便利店行业来说，在卖场设置方面有这样一个铁律。

那就是“季节性商品要在季节到来之前开始销售，在季节远未结束之前停止销售”。

应季的时候，在百货商场、折扣店里摆放着无比丰富的商品。在这一点上，便利店无论如何努力都是绝对无法企及的。在面积狭窄的便利店里，不可能摆放几十款手套。

所以，便利店是在销售时间上与百货商场、折扣店等一拼高下的。我们通常是在一个季节马上到来之前，开始销售某种商品，用于满足出门在外的顾客的临时需求。

而防晒霜、护手霜的道理也是一样的。仅仅依靠“夏天＝8月＝防晒霜”这种笼统的感觉是无法达成销售的。人们突然开始需要防晒霜的时期，不是8月而是5月。到了8月，大部分女性在家里都会放置一些防晒霜，没有必要特意去便利店购买。更何况紫外线最强的时期并不是盛夏，而是初春的时候。所以，我们要注意，避免还没有购买防晒霜的女性，慌慌张张地跑到店里，却因店里缺货而买不到防晒霜，如果发生这种情况实在令人遗憾。

不过，作为特殊情况，一些店铺一年到头对某种商品都要维持一定的库存。对于一般便利店来说，在夏季马上到来之前的时候，防晒霜会比较畅销。而对于位于高尔夫球场附近的便利店来说，防晒霜一年到头都很畅销。这是因为对打高尔夫球的人来说，防晒霜是必需品，在高尔夫球场里购买却非常昂贵。我们要注意把这种商品摆放在醒目的位置，让光顾我们店铺的顾客记住店里有这种商品，还要注意保证这种商品在冬季也不会缺货。在前面，我已经啰啰唆唆地讲了很多了，其实这也是一个需要关注店铺所处位置的例子。

把“盼望春天来临的期待感”具体化

按照日历上的说法，春季是从 2 月开始的。然而，一年之中最令人感到寒冷的日子也是集中在 2 月。到了 2 月，在店里什么样的商品会比较畅销呢？

在季节变化的时节，人们会展示出与气温不相符的消费行为。从味觉的角度来说，在冬季吃惯了味道厚重的食物的舌头开始寻求清爽、新鲜的味道。此时，面包、三明治、汉堡包、沙拉等相当畅销。

虽然外面还很寒冷，但我们走到大街上，可以看到时装店的玻璃橱窗已经用粉色、黄色、花色装点出了春天的气息。那是因为对冬季的色彩已经厌倦了的人们对春天的颜色、轻盈的材质怀有一种期待感。

商业人士要关注每天的气温、天气，仅仅停留在把握数字的层面上是不够的，还必须了解季节变化对人们心理产生的影响。比如在2月，对我们来说，和把握天气是否真的转暖相比，我们用商品来满足在顾客心中涌动的“盼望春天来临的期待感”更为重要。

到了2月，如果一家店铺依旧维持符合冬季的布置及商品设置的话，需要引起注意。我们应该把卖点广告更换为春季用卖点广告，比以往更加认真地把店内的地面、货架打扫干净，以适合春季的商品、菜单来迎接顾客。

在服务业、零售业工作的人，不应该被动地感受季节的变化，而应该主动去把握季节的更替。

节日来临时销售业绩上升和下降的店铺

在2月，日本有一个全国性的大型节日，那就是情人节。

在摆放着大量巧克力的百货商场、巧克力专卖店里，女士们为了挑选出心仪的商品，神情都极为认真。为了送给心仪的男士、在工作上关照过自己的人、朋友、家人、闺密，甚至自己，有不少人会购买大量巧克力。

当然，我们也会努力准备好外观可爱、装饰着美丽蝴蝶结的巧克力等待顾客的光临。

然而，在我们欢欣雀跃地着手卖场的布置工作之前，有必要冷静下来思考一个问题。那就是即便我们在店里摆放大量的极品巧克力，会有多少想要购买本命巧克力[①]的女性顾客光顾我们的店铺呢?

一般来说，小学生、中学生有可能会在便利店购买巧克力。可是，对于二三十岁的成年人来说，在送给想要表白对象巧克

① 在日本，人们的做法比较特殊。情人节当天，基本上是女性向男性赠送礼物，而且礼物大多是巧克力。这样的巧克力可以分为两种，即“本命巧克力”和“义理巧克力”。恋爱中的女性送给自己的男友，妻子送给丈夫，女性送给暗恋的男性的巧克力，人们称之为“本命巧克力”。本命巧克力通常是女性在百货商场、巧克力专卖店精心选购的、包装精美的高档巧克力、进口巧克力，或者是亲手制作的巧克力。一般来说，本命巧克力价格会比较昂贵。而“义理巧克力”则是半义务性、礼节性的巧克力，是女性送给男同学、男同事、男上司、关照过自己的男客户的巧克力。一般来说，女性会在超市、便利店之类的商店购买义理巧克力，与本命巧克力不同，义理巧克力价格会比较便宜。——译者注

力时，会用从便利店购买的巧克力吗？

非常遗憾，我认为只有极少数的人会这样做。

想必许许多多的女性是在百货商场、巧克力专卖店经过精挑细选之后购买本命巧克力的。这样的话，我们便利店无论怎么努力希望顾客能在我们的店里购买本命巧克力，结果都会令我们失望。

那么，为了迎接情人节的到来，我们应该在哪个方面努力才对呢？

答案是义理巧克力。这是因为即使是事先在百货商场已经买好了本命巧克力的人，也会在离公司、学校最近的便利店购买义理巧克力。

这样的话，我们便利店就必须与百货商场、巧克力专卖店在不同的时期，针对不同的巧克力进行推销活动。

据我们观察，在情人节之前的周末会有许多人去百货商场、巧克力专卖店购买巧克力。那么，便利店的情况呢？不论百货商场的情人节促销大战多么热火朝天，便利店必须保持冷静。因为在这个时期，便利店的巧克力是不会畅销的。对便利店而言，情人节用的巧克力最为畅销的时期是情人节的前一天和情人节当天。

另外，周边有许多学校、写字楼的便利店，情人节商品的销售状况会比较好。反之，位于周边什么也没有的公路两侧的便利店，即使摆上再多情人节用的巧克力也是卖不掉的。

情人节当天是人们需要去上学、上班的工作日呢，还是不巧赶上了公休日呢？因情况不同巧克力的销售状况也会不同。因为情人节当天如果是工作日的话，就需要送给同事、同学义理巧克力，如果是公休日就不一定要送了。

一些便利店根据这些信息，在对销售状况进行预测之后，大胆下单订货，取得了创纪录的销售业绩。相反，那些对订货工作漫不经心的便利店，在2月14日到来那天，不是因为没有库存而惊慌失措，就是陷入库存过多的困境之中。

下面我要说的是一个真实的事例。在一家便利店里，直到情人节的前一天巧克力都没有怎么卖掉。于是，这家便利店的店主就简单地得出“在我的店里，情人节用的巧克力卖不掉”的结论。然而，在情人节当天，顾客蜂拥而至，这家便利店只得向同属一个连锁便利店集团的其他店铺求援，要求分给自己一些库存。

情人节等节日能够为我们带来刷新销售纪录的机会。不过，一家店铺最终是会利用这样的机会还是会扼杀这样的机会取决于这家店铺经营者的洞察力、分析能力和行动力。

情人节与白色情人节截然不同

在情人节的下一个月，有个节日叫作“白色情人节”。在这一天，有的男士会购买一些甜点和小物件赠送给女士。

不过，别着急，请各位先冷静地思考一下。各位会不会像准备迎接情人节一样，以同样的感觉和流程展开促销活动呢?

确实，情人节和白色情人节在日本是有好感的双方互赠巧克力等甜点和其他各种礼物的日子。在这一点上，两个节日非常相似。唯一的不同就是，一般来说，情人节是女性向男性赠送礼物的日子，而白色情人节则是男性向女性赠送礼物的日子。然而，这个小小的不同，却会在结果上产生相当大的差异。

如果正在阅读这本书的你是一位男性的话，想必会理解我的看法。有一件非常令人遗憾的事情，那就是男性的心没有女性那样细致。2 月曾经收到女性赠送的巧克力的男性，一般不会到 3 月还能牢牢地把这件事记在心上。为了迎接情人节的到来，女性会在百货商场、巧克力专卖店精挑细选并购买巧克力。但是，我们却不能期待男性也这样做。当然，从心仪的女性那里收到了本命巧克力的男性除外。

便利店首先要做的就是提醒所有的男性，世界上有个节日叫作“白色情人节”，上个月收到巧克力的人需要在这一天向女性回赠礼物作为答谢。2 月 14 日是情人节这件事大家都知道。但是，针对白色情人节，我们必须在店内大字书写“3 月 14 日是白色情人节”，以提醒顾客。

当然，在商品规划方面，我们要努力准备高品质的巧克力、装饰着蝴蝶结的漂亮商品等。这一点非常重要。然而在这之前，我们必须完成告知这项重要任务。因为如果疏忽了这一点，到了白色情人节当天，广大男性根本不会产生购买白色情人节用的巧克力的想法。

在没有节日的季节里卖些什么

在有情人节、白色情人节的月份里，我们比较容易开展促销活动。然而，并不是一年到头都有这样的节日。在一些没有节日的月份，我们无法期待良好的销售业绩。

比如 1 月就是这样的。1 月，由于天气比较寒冷，顾客很少光顾店铺，能够给我们带来良好的销售业绩的节日也没有。1 月的上一个月，也就是12月，有“圣诞节”“阳历除夕”等节日；1月的下一个月，也就是2月，有“节分”[①]“情人节”。而1月除了元旦和成人节[②]以外，没有什么全国性的节日。为迎接新年的促销在12月底已经结束，如果家里没有步入成年的家庭成员，人们也不会特别关注这个节日。

那么，在这样没有任何节日的月份里，我们应该卖些什么才好呢?

虽说1月没有什么大型节日，但还是有一些隐性主题的。比如“抵御寒冷”“预防流感”“防止干燥”“高考季”等。

---

① 节分是指立春、立夏、立秋、立冬的前一天，但主要是指立春的前一天。一般是每年2月3日左右。在日本，人们认为节分适逢季节更替，处于一个鬼怪比较活跃的时期。于是，每逢节分到来，皇宫、各地的寺院、神社都会举行盛大的祈福驱鬼仪式。人们还会在自己家里例行“撒豆子”仪式，会一边向窗外、大门外、屋内撒事先炒好的黄豆，一边大喊“鬼出去，福进来”，用以祈祷全家幸福、无病无灾。此外，人们还有吃一种叫作“惠方卷”的寿司卷的习俗。——译者注

② 在日本，成人节是每年1月的第二个星期一。成人节当天，各地政府都会为步入成年（20岁）的青年男女举行特别的成人仪式，以表达对他们的祝福。许多学校、公司、家庭也会举办各式各样的成人仪式。这一天，这些青年男女通常会身着盛装参加各种活动，接受来自父母、亲戚、朋友、同学、同事的祝福。——译者注

这些主题确实都不是很高大上，但是也绝对不可小觑。因为在这个气温很低、空气干燥、流感肆虐的季节里，人们确确实实需要相应的商品。

比如，预防感冒的口罩、缓解咽喉干燥的润喉糖、保湿护手霜、取暖用的暖宝宝等商品都非常畅销。已经得了感冒的人会想要酸奶、果冻、橘子、运动饮料等。热气腾腾的火锅食材，能够温暖身体的姜汤、饮料、茶、柚子茶等也很受欢迎。

另外，1 月还恰逢高考季。我们会注意在店里为考生认真准备能够提高士气的餐食、夜宵、甜点，从补习班下课回家时想吃的关东煮等商品。

在高考考场、成人礼会场附近的便利店里，热饮、暖宝宝、防困口香糖、糖果、应急文具等会比较畅销。

在这里，我主要针对便利店里的商品规划给大家讲了一下。实际上，其他行业也是可以利用这些隐性题材的。在这段气温很低、容易感冒、恰逢令人紧张的高考的时期，餐饮店、咖啡厅、杂货店如果能够提供令人放松的薄荷茶，散发清香的保湿用品、健康用品，能够令人静心宁神的商品，想必就能贴近人们此时的需求了。

冰激凌在何时何地会畅销

在夏季的时候，冰咖啡非常畅销。但是，随着夏季的结束、气温的下降，冰咖啡的销售量也逐渐下降，当最高温度下降到 22 ℃以下时，冰咖啡的销售量会被热咖啡的销售量超越。当最高气温下降到 10 ℃以下时，已经感到寒冷的人们开始购买冬季商品。此时，在便利店里，关东煮、拉面、包子等商品的销售量会增加。在服装店里，冬季用的服装、鞋等也开始变得畅销。

反过来，在冬季结束春季到来的时候，随着气温的上升，热咖啡的销售量也会被冰咖啡的销售量超越。与此同时，冰激凌的销售量也开始上升。在最高气温超过 30 ℃的时候，纸杯装冰激凌的销售量会被冰果的销售量超越。那是因为人们为了追求更加凉爽的感觉，与膏状的冰激凌相比，更加喜爱冰沙之类的冷食。

然而，冰激凌销售量具有非常耐人寻味的一面。人们一般认为，冰激凌在夏季会比较畅销，到了冬季销售量会下降。可是实际上，有一些冰激凌全年都保持着畅销的状态。高档纸杯装冰激凌就是这样的。即使进入冰果、冰棍、软式冰激凌、脆

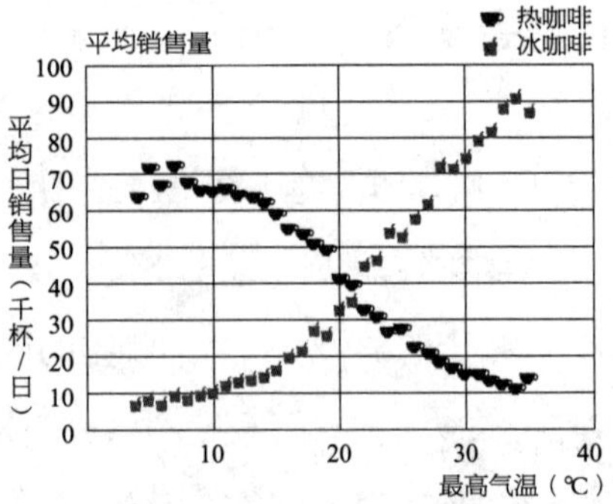

最高气温上升到22℃以上时，冰咖啡的销售量会超越热咖啡。反之，最高气温下降到22℃以下时，热咖啡的销售量会超越冰咖啡。

随着最高气温变化而变化的咖啡销售量

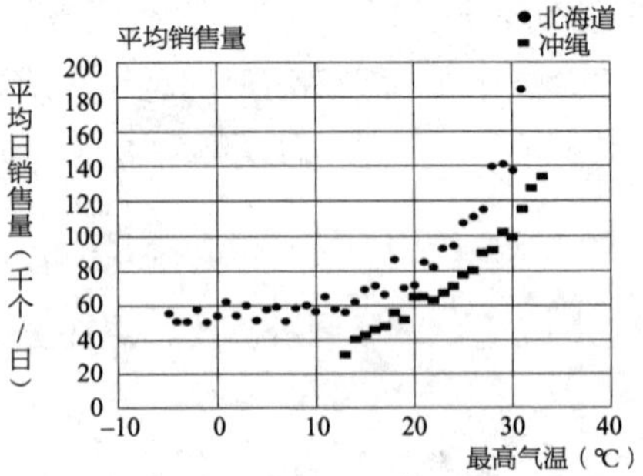

北海道和冲绳同样都有随着气温升高冰激凌销售量会增加的趋势，但是在气温相同的条件下，北海道的销售量会比较多。

在北海道，即使最高气温下降到10℃以下，冰激凌的销售量依然不会减少。

北海道和冲绳的冰激凌销售量

皮红豆雪糕等不再畅销的季节，口味浓郁的巧克力冰激凌、抹茶冰激凌、加入水果的高档纸杯装冰激凌依然持续畅销。想必这是因为在人们的心目中，高档纸杯装冰激凌与其说是纳凉的冷食，不如说是已经成为蛋糕那样的甜点了。

在日本，人们常常会说，提起冰激凌的销售量，只有北海道堪称另类。针对这一点，我给大家讲一讲。冬季在北海道，最高气温会下降到 0℃以下，大雪纷飞的日子也不少。在住在东京的人们眼里，北海道是个极其寒冷的地方。然而，冬季的北海道，室内却非常暖和。因为外面比较冷，所以房屋的密闭性非常好，采暖设备的性能也相当高，因此有些人在室内可以穿短袖衣服。所以，北海道的人们全年都可以享用冰激凌这种美味的食品。这可以说是一个地域不同，情况不同的例子。

有些商品会随着季节的变化而滞销

让我们说出是从什么时候开始告别一个季节而迎来另一个季节的，是一件困难的事情。那是因为日历上显示的季节和我们心理所感受的气温有所不同。人体对炎热、寒冷的感觉其实是一种相对的感觉。同样是 25℃，如果正处于从春季向初夏过渡的时期，我们会感到很热。反之，如果正处于从夏季向秋季过渡的时期，我们则会感到凉爽。

“我们必须根据体感温度展开市场营销活动。”这是我的一句口头禅。我们对于季节变化的感受，对于决定在店里摆放什么样的商品，如何展开促销活动等事项具有重要的意义。

往年同一时期曾经销售过的商品的信息、气象厅发布的天气和气温预报等信息当然很重要。但与此同时，我们还必须把切身感受到的季节变化体现到我们的店铺里。

不过，在全身心地投入到日常工作中的员工中，还是有人会忽略季节的变化。伴随着每天、每周气温一点一点地上升（或者下降），几周以前的畅销商品会逐渐变为滞销商品。然而，忙碌于周而复始的日常工作的员工会觉察不到这个事实。

可是，就像我在前边反复强调的那样，对于那些逐渐变得滞销的商品，我们不要怀着“应该还可以”等想法而继续售卖，必须下定决心做废弃处理。

对于我们来说，弄清应该在什么时候对以往畅销的商品进行果断的替换可能比较困难。我们有可能会以现在外边还很冷（或者还很热）为由，怀着“再在店里摆放一段时间，说不定会卖掉”的想法而迟迟不下决心。然而，请大家走上大街去看看其他店铺的玻璃橱窗吧。那些高档时装店早已用适合几个月之后才会到来的季节的时装来装点玻璃橱窗了。

虽然我并不认为这样的做法适合所有的商业领域，但是我们应该避免已经临近秋冬季节，我们的店里还充斥着夏季商品的情况发生。我们应该比街上的行人提前一两步感知季节的来临，在店里用新的季节性商品取代旧的季节性商品。

对于那些如果摆放在货架上，顾客就有可能购买的商品，假如我们没有把它们摆放在货架上，顾客有可能根本不知道有这些商品存在。在适应季节的变化而引进新商品的时候，请大家从检查现有库存开始吧。

用关键词联想来锻炼大脑

我有时会自己一个人做一种游戏。这是一种从一个词语开始不断针对相关事项进行联想的游戏。

比如，从“春季”这个词可以联想到什么呢？在便利店工作的人，可能会联想出下面这些事项吧。

- 春季→赏花→刊登赏花信息的杂志会畅销→在适宜赏花的地段，食品会畅销。
- 春季→花粉过敏症→口罩会畅销→抽纸会畅销→高性能口罩、温柔呵护皮肤的抽纸也会畅销。
- 春季→职业棒球等体育赛事即将开始→刊登赛事信息的杂志会畅销→在体育场附近，食品会畅销。

仅仅从“春季”这一个关键词，我们就可以联想出这么多的信息。如果各行各业的人都尝试一下这种方法，那么各种各样的联想信息会源源不断。想必一些在店铺里工作的人，由于每天工作在同样的岗位上，被同样的商品所包围，会认为生活很乏味。

然而，只要我们稍加思考，卖场设置的线索就会这样不断浮现在我们的脑海中。我们是不是就可以从这里开始卖场改革呢?

下面，给大家讲一件我在便利店一线工作时发生的事。实际上，我在店铺工作是很早以前的事了，所以给大家举的实例都比较旧，实在不好意思。既然想到了，就给大家讲一讲吧。

现在，电视节目会被电视的内置硬盘自动录下来，我们也可以通过网络观看以往的电视节目。然而，在过去，如果我们自己不事先把想要看的节目录下来，事后是无法观看的。当时，我们在便利店里售卖录像带。有一次，我突然想到了一件事。平时，我们都是把录像带摆放在店里的角落销售的。可是，我们想一想就知道，许多人想要观看的电视节目都是集中在傍晚以后的时间段播放的。在公司上班的人们，即使在平日的白天不买录像带，下班的时候也会购买录像带回家的。

于是，我尝试在傍晚以后把录像带摆放到店里比较显眼的地方。果然不出我所料，从公司下班回家的人对录像带的购买变得相当踊跃，店里录像带的销售业绩急速上升。

其实，我们并没有引进任何新的商品，仅仅是改变了已有商品的摆放位置。想必在那之前，有人根本不知道在我们店里有录像带卖。针对店里已有的商品，我们仅仅通过展示位置的改变，就能起到宣传的作用，进而实现销售业绩的改善。这件事让我受益匪浅。

即使我们的尝试失败了，也没有什么关系。有些时候，我们虽然付出了艰苦的努力，却完全没有任何成果。如果这样，我们从头再来就好。

我希望在管理岗位上的人能够拥有鼓励年轻人勇于参与各种挑战的胸怀。我们虽然不允许年轻人违反店铺经营或公司的方针，但是对于年轻人在商品销售方面的努力却热烈欢迎。因为与挑战新事物遭遇失败相比，因畏惧失败而无所事事的风险会高很多。

免费的市场营销

除了联想游戏以外，我们平时还可以开展一种市场营销，那就是日常生活之中的“对话”。

我们偶尔还会遇到自诩“我是为工作而生的”，以自己每天连续加班为荣的人。我希望这样的人不要只顾眼前的工作，偶尔也去关心一下自己周围的人。

我们通过和熟人、家人的闲聊可以掌握许许多多的信息。比如，现在社会上的人都在关注什么？社会上流行什么？年轻人穿着什么样的服装，拥有些什么？

“职业棒球的表演赛马上就要开始了。”

“现在，人们都在议论日本职业足球联赛的话题。”

“看起来今年樱花可能会开得比较早。”

“在街上的书店里，这样的书比较畅销。”

“最近，年轻女性喜欢去这样的咖啡厅。”

“现在小学生好像都喜欢这样的玩具、电视节目。”

我们只依靠新闻、网络是得不到这样的信息的。从周围的人那里得到的信息有重要的价值。

我想说的既不是希望各位公休日不休息去搜集信息，也不是为了搜集信息而刻意与人交谈。我只是希望各位利用工作以外的时间，关注一下与工作无关的事情，开拓一下视野而已。

在全家出游的时候，妻子制作了什么样的盒饭；周围的人家吃着什么样的午餐，盒饭是装在什么样的容器里的，他们都穿着什么样的衣服，铺在地上的布是什么花纹的；孩子们喜欢谈论什么样的话题，我是希望大家关注一下这些日常小事。

市场营销并不是什么大不了的难事。我们只要对日常的小事保持关注，就可以不做任何特别的投资，而利用业余时间完成有意义的市场调查工作。

我也曾经花钱委托专门的机构为我们做调查。这些机构提交给我们的报告全都是数字。和这些报告相比，我从日常生活中与人交谈时的所见、所闻、自身经历中得到的启发更多。专业机构在报告中展示给我们的是人们的平均值。我们进行商品开发的时候，如果以平均值为目标，很难研发出畅销商品。根据 100 个人中 60 个人赞同的意见推出的商品和根据 100 个人中只有 10 个人赞同的意见推出的商品相比，后者成为畅销商品的可能性更大。

便利店不是为了应对世上的巨大变化，而是为了应对世上的微小变化而存在的。对于我们来说，以一个普通人的好奇心和眼光去搜集信息非常重要。我们不要只和厂家交流，可以从普通消费者的生活中发现工作的线索以及工作中的问题。请大家今后一定要在这方面多多练习。

我总是把想到的事情、了解到的事情随时记在笔记本上。不只是用文字，我还经常把想到的事情用图画画出来。至今为止，这本笔记已经孕育了各种各样的新商品和新服务。不过，有一点非常遗憾，那就是因为书写过于潦草，我经常看不懂自己写的东西……

同样的春天不会再来

到了换季的时候，我们对包括商品、卖点广告在内的店内的一切都要进行调整。此时，请各位千万不要在回顾前一年相同季节的情况之后，进行简单复制。

虽说一年有四个季节，但是严格地说，同样的季节是不会再来的。前一年的夏季是冷夏，今年的夏季则可能非常炎热；前一年的春季可以观赏樱花的时间很长，而今年的春季，一阵强风过后，樱花可能全都被吹落了；前一年的秋季适合出游的风和日丽的日子很多，而今年有可能一下子就进入冬季。

厨师是在斟酌了那一年、那个季节、那一天的食材的味道之后才着手烹饪的。根据季节、产地、天气状况不同，蔬菜叶子的厚度和味道也会不同。所以，厨师必须根据当时使用食材的具体情况，摸索合适的调味、烹饪方法。

想必不只是厨师，经营者也同样要面对各自的四季吧。

有时候，有些人会说："去年这个时候我们采用了这种促销方式，今年我们也准备开始吧。"然而，这种"去年这个时候采用的促销方式"根本不可能成为什么制胜的绝招。因为同样的春天是不会再来的。每年、每月、每天，我们都要像在白色画布上作画那样设计我们的卖场。

对于畅销店铺的卖场设置来说，最为重要的是店内员工在工作一线的感觉。我们的员工应该针对每天在店里、收银台遇到的顾客今天想要买些什么，过着怎样的有季节感的生活，户外是热还是冷等问题具体展开想象。

和西式服装店、餐饮店相比，便利店的员工在接待顾客时，与顾客交谈的机会比较少。为了弥补这方面的不足，我们特意把收银台设计成员工可以面对面为顾客提供服务的样式。

未来，伴随电子商务在各行各业的普及，无人收银台、无人配送系统等会越来越多。正因为这样，我们必须比以往更加重视面对面为顾客服务这种待客方式。

巴西的降雨量如何

每年 12 月，我最关心的就是巴西的天气状况。因为作为高品质咖啡豆产地的巴西，从 12 月开始进入雨季。如果雨量不足的话，咖啡豆的品质就会下降。所以，每到这个时期，我的心就会飞到巴西。

现在，对于各大连锁便利店集团来说，使用设在收银台旁边的咖啡机为顾客提供的现磨咖啡已经成为主打商品，其销售业绩也在不断上升。为了冲泡出更为可口的咖啡，各大连锁便利店集团至今仍在锲而不舍地进行试验。

要想冲泡出可口的咖啡，高品质的咖啡豆是不可或缺的。我们需要大量的品质稳定的咖啡豆。不同店铺售卖的咖啡味道不同，或者不同年份的咖啡豆磨出的咖啡味道不同等情况都是不允许发生的。

如果我们让顾客对我们便利店的咖啡产生“去年挺好喝的，

可是今年太一般了”的想法，问题就严重了。

顺便说一下，不知各位知不知道和所有树上长的果子一样，咖啡豆的产量也有“丰收年”和“歉收年”之分。如果今年是丰收年，咖啡豆丰收了，明年自然而然就会变为歉收年，咖啡豆的产量就会下降。为什么丰收年和歉收年会交替出现呢？这是自然界的规律，好像是由植物激素和通过光合作用所储存的糖分的差异造成的。

咖啡等农作物每年的产量都会不同。对于我们这样大量采购农产品的采购方来说，每年产量不同这一点已经成为重大的不稳定因素了，每年采购价格的不同也令我们感到头疼。虽然农户们也在为缩小丰收年与歉收年产量的差异而努力，但是彻底消除这种差异好像很难。

另外，咖啡豆产量不同，价格自然也会不同。如果今年是丰收年的话，明年就是歉收年，咖啡豆的产量就会减少，价格当然会上涨。此外，天气不好等状况再出现的话，咖啡豆的产量和价格还会发生变化。所以，我们总是提心吊胆地盯着巴西的天气状况。

商品部必须在掌握了必要的知识的基础上，一边关注着遥远的巴西的天气状况，一边盯着市场行情，进而完成原料的采购工作。

海水温度与饭团

刚才给大家分享了咖啡豆的事，顺便也给大家讲讲其他原料的事吧。

要问便利店的主打商品是什么，当然非饭团莫属。要想制作可口的饭团，高品质的大米和紫菜是必不可少的。

我们一般从每年 12 月开始着手紫菜的采购工作，首先开始采购的产地是九州的有明和仙台。为了保证能够采购到品质稳定、美味的紫菜，我们事先都会和供应商进行密切的沟通。尽管如此，在马上就要开始采购时，突发事件也会经常发生。

这是 2016 年发生的事。原本人们都认为当年海水温度低，紫菜产量会比较稳定，所以市场价格应该会相对便宜。可是，就在采购工作即将开始的时候，情况发生了突变。海水温度突然升高了，原因是发生了赤潮。在采购工作即将开始之前的几周，我们收到了有明产紫菜品质可能会下降的消息。当然，采购价格上涨了。

紫菜虽小，但不容小觑。对于便利店来说，能否保证紫菜品质的稳定是关乎生死的问题。因为我们的采购量非常庞大，即便紫菜单价只上涨一点点，我们的紫菜采购金额也会大幅增加。

大型连锁便利店集团每年的紫菜采购量是6亿至8亿张，采购额是30亿至40亿日元；每年的大米采购量是10万至20万吨，采购额是300亿至600亿日元。如果市场行情超出预想的话，事态会变得非常严重。

现在，人们都说，以全家和7-11为代表的连锁便利店行业的紫菜采购活动会带来紫菜市场行情的波动。那是因为与家庭用、礼品用紫菜的消费量相比，便利店行业的饭团用紫菜的消耗量要多得多的缘故。

紫菜歉收已成定局，我们能够做出的选择也十分有限。因为我们无法减少整体的采购量。我们不能做“因为今年紫菜比较贵，就把采购量压缩到去年的三分之一”之类的选择。饭团是我们便利店的主打商品，为了保证便利店集团整体的饭团生产，我们不能减少紫菜的采购量。紫菜堪称饭团的生命，在这种情况下，我们可以在紫菜品质得到保证的情况下，思考如何尽量压低采购价格。在紫菜价格实在太贵的时候，我们也可以把采购的等级稍微压低一些，进货之后再想方设法改善紫菜的品质。无论怎样，我们都要立即思考对策。

像这样的紧急情况经常发生。我们既不能怒骂“这个和预想的完全不同”，也不能抱着头喃喃自语“怎么办、怎么办呀”而不知所措。引起“变化”的不是人类，而是大自然的大海、天气。如何应对这种我们人类智慧无法控制的力量所产生的“变化”呢？我们只有尽我们的全力，别无他途。

规模经济与规模不经济

有这样一个词叫作“规模经济效应”，指的是企业通过大量采购原材料、大量加工、大量销售可以提高经济效益。

把规模经济效应发挥到极致的具有代表性的企业，有餐饮业的麦当劳，以牛肉盖浇饭出名的吉野家，服装行业的优衣库、GU、ZARA、H & M，家居用品行业的似鸟等。当然，便利店行业也无一例外地在利用规模经济效应。我们拥有数以千计、万计的店铺，利用这个庞大的规模，我们取得了非常大的效益。

不过，经济的背后肯定隐藏着不经济。在规模经济的背后，规模不经济的陷阱在等着我们。规模大也会带来风险。

关东煮是便利店秋冬季节的一种主打商品。人们喜欢的关东煮品种各不相同，但是萝卜块是受到普遍欢迎的。

在大口咀嚼浸透汤汁的熟软的萝卜块的时候，我会不由地产生一种秋天到了的感觉。想必有这种感觉的人不只我一个吧。然而，在2016年，萝卜却扮演了一个坏角色。

我们在采购制作关东煮用的萝卜时，会根据各个产地收获时期的不同，不断地变换产地。我们最先是从北海道采购萝卜，接下来按照青森县、茨城县的顺序，沿着日本列岛依次南下，最后以鹿儿岛县结束。可是，打头阵的北海道因为2016年夏天遭受台风袭击，萝卜收成受到了影响。当时在电视上观看北海道遭遇台风袭击的报道时，可以说我们的心里也同样是狂风大作的。

萝卜的尺寸从小到大可以分为1L、2L、3L三个等级。在制作关东煮的时候，我们通常会使用纤维比较发达的3L尺寸的萝卜。可是，在北海道，这种健硕的3L尺寸的萝卜，因为受到台风的影响而绝收了。

那些一定要使用3L尺寸的萝卜的人会拿着现金挨家挨户地走访农户。萝卜缺货的情况已经达到了这种程度。但是我们无法效仿他们。这一方面是由于我们有固定的供货商，另一方面是由于我们的采购量巨大，如果这样一根一根去采购，根本无法达到预期的采购量。

出于无奈，我们只能尽量去采购比3L小一个尺寸的2L的萝卜。可是这样做，还是有问题。我们通常在店里销售的关东煮中的萝卜块的尺寸是直径60毫米，厚度50毫米。如果使用2L的萝卜，一根萝卜只能切出一块用于关东煮。

万般无奈，我们只好做出妥协，调整了配方，使用了尺寸稍微小一些的萝卜。即使这样，我们从一个萝卜上，也只能切出一至两块而已。如果我们把萝卜块再弄小一些，不明就理的顾客会认为我们很吝啬。而我们也不能做出把萝卜块从关东煮中剔除的决定。

大量采购、大量加工、大量销售，我们从这中间所取得的利润固然很高。但是，在意外情况的出现使这种机制陷入瘫痪的时候，我们应该采取什么样的对策，做什么程度的妥协，同样的情况再次发生时我们应当如何应对，诸如此类的问题每天都困扰着我们。

最受欢迎的三明治不能售卖的原因

人们在结婚仪式的致辞中经常会引用“人生有三条道，上坡道、下坡道和没想到”这句谚语，我在工作中也常常想起这句话。在漫长的职业生涯中，我也经历过令我惊呼“没想到啊”的时刻。

在零售业、服务业日常的工作中，意外的事件、意想不到的问题是无法避免的。我们并不仅仅是一个人在工作。我们的连锁便利店事业是由许许多多的公司职员、其他员工、厂家、店主以及顾客来共同支撑的。此外，我们的事业还与自然界的农作物、天气密切相关，出现这种情况是不可避免的。

我们制订了缜密的计划，开发出了新商品、新配方，与厂家和工厂保持着密切的沟通，堪称万事俱备，就差让顾客品尝新商品了。然而，就在这个时候，却发生了令我们之前的所有努力付之东流的突发事件。这种令人胆战心惊的时刻并不少见。食物不是工业产品，无论我们事先多么缜密地确定采购数量，一旦出现异常天气，一切都会在瞬间崩塌。这样的事例实在是不胜枚举。

2016 年，生菜价格暴涨。我们每年用于制作在店里销售的三明治的生菜就达到 1 万吨以上。而作为日本生菜重要产地的长野县，因为遭遇台风袭击，生菜产量跌至往年的一半。

于是，我们急忙去美国等地寻找生菜货源。最终，我们采购到的生菜仅能满足制作沙拉的需要，没有足够的生菜用于制作三明治。我们便利店里的三明治是一种极受欢迎的、生菜分量十足、口感脆爽的三明治。

在我们的便利店里，三明治堪称是数一数二的顶级热卖商品。得知三明治不能售卖的消息后，店主们纷纷表示不满，顾客们也很失望。虽然如此，我们也无法向人们一一做“今年因为受台风的影响，生菜收成不好……”的解释。

在吸取了这次教训后，我们打破了依赖日本国内货源的局面，决定从第二年开始为开拓海外高品质生菜采购渠道做准备。

我们最受欢迎的商品、主打服务等都拥有众多的顾客。恰恰因为这样，在这些商品、服务出现问题的时候，我们事业的核心可能会被动摇，所以必须想尽一切办法避免核心商品无法售卖这种情况发生。与此同时，在核心商品之外，我们确保自己手中一直握有其他畅销商品也是非常重要的。

罐装咖啡“乔雅”热卖的背后

现在，世界上有不少大型企业都走出自己创业的国家，走向了世界。美国的亚马逊、连锁咖啡公司星巴克，瑞典的服装厂家H&M、家具家居用品公司宜家（IKEA），西班牙的ZARA等企业就是这样。对于许多企业来说，由于本国国内市场规模有限，进军世界已经成为企业的一个目标。诸如无印良品、优衣库等以亚洲为中心拓展海外业务的日本企业也不在少数。同样，我们各大连锁便利店集团也在摸索之中不断扩大海外店铺的数量。

不过，大型企业在进军海外市场时，在努力发扬光大在本国的成功模式的同时，有时还不得不顾及所在国的风俗、饮食习惯、生活方式等方面的因素。

可口可乐公司就很灵活地成功应对了这种“因国度不同”而带来的“变化”。虽说可口可乐公司是一家众所周知的世界知名企业，但我听说这家公司当初进入日本市场的时候，也经历了一个非常痛苦的阶段。

“可口可乐”品牌的碳酸饮料，在全世界碳酸饮料市场上占据着大约50%的绝对市场份额。但是，据说在一个时期，因为日本人很难养成饮用可乐的习惯，可口可乐公司为此付出了艰苦的努力。

由于日餐味道非常细腻，所以在吃日餐时喝可乐不是很合适。不论在世界上如何畅销的商品，如果我们把它引进一个国家，但是与这个国家的文化不匹配的话，还是无法被当地的消费者所接受。可口可乐公司这个时期的经历也证明了这一点。

爽快感是可乐的一个重要卖点。在日本进入冬季以后，可乐的销售业绩就会大幅下降，这一点一度困扰着可口可乐公司。因为在寒冷的季节想要喝冰凉的碳酸饮料的日本人比较少。

此时，可口可乐公司大幅度地转换了思维。它们不再执着于“可口可乐”碳酸饮料这种世界级爆品，而是决定着手开发适合日本人口味的商品。

日本可口可乐公司针对冬季着手开发的新商品是咖啡饮料。他们锁定的目标是日本人喜欢的罐装咖啡。他们为了开发出深受日本消费者喜爱的咖啡而进行了反复试验，最后推出了以“在寒冷季节里加热后饮用”为卖点的“乔雅”（GEORGIA）品牌的罐装咖啡。乔雅咖啡一炮而红，从那之后，一直占据着日本国内罐装咖啡市场份额第一位的位置。

日本可口可乐公司除了乔雅咖啡以外，还开发了“红茶花传”“爽健美茶”“身体巡茶”“绫鹰”“ I LOHAS ”等许许多多日本人耳熟能详的畅销饮料。这些都是能够满足日本人喜爱的细腻口味的水饮料、茶饮料。这正是这些饮料畅销的秘密所在。在开发适合不同国家和地区消费者口味的饮料方面，日本可口可乐公司在世界范围内特立独行，取得了成功。

可口可乐公司没有因为自己的“可口可乐”品牌的碳酸饮料在世界上已成为爆品而故步自封，而是努力推出贴近日本消费者喜好、需求的商品进而获得了成功。可以说，这是一个企业为适应市场的“变化”而大幅度改变自己进而取得成功的事例。

日本的秘诀适合全世界吗

我们把一个国家特有的秘诀、思维强加给另一个国家是会遇到失败的。接下来，我想给大家讲一个我在这方面的失败经历。

这是我在韩国 7-11 公司从事商品开发工作时发生的事。在当时的韩国，饭团基本上卖不出去。于是，我们也想像日本的便利店那样把饭团打造成我们便利店的主打商品。为此，我们想了各种各样的办法。那时在韩国，基本上看不到日式的饭团，人们经常吃的是类似日本紫菜卷寿司的食品，韩国一般称其为紫菜包饭。针对这种情况，我们制定了饭团引进推广战略。我们针对大米、紫菜进行了试验，还针对韩国消费者的口味进行了饭团食材的开发，最终我们的饭团得到韩国消费者的认可，成为我们便利店的主打商品。我在以前出版的《零售的本质》[①]

① 本多利范先生的《零售的本质》一书已由中信出版集团于 2019 年 4 月出版。——编者注

中讲述过这段经历。

当时，我们希望饭团能够得到韩国消费者的认可。但是，这个项目的发展并不是一帆风顺的。通过这个项目，我深深地体会到，不同国家和地区的消费者对饭团食材的感觉是不同的。

当时，针对“在韩国，饭团中应该加入什么食材”这个问题，我们从“一提到韩国，首先想到的是韩国泡菜”这个思维出发，产生了如果开发出加入韩国泡菜的饭团，应该会畅销的想法。因为就像咸梅是日本的灵魂食物那样，泡菜是韩国的灵魂食物。

可是，我们遭遇了惨痛的失败。出乎意料的是，泡菜饭团在韩国口碑不佳，根本卖不动。为什么会这样呢？我们经过调查，找到了意想不到的原因。

在韩国，顾客走进餐厅，店家就会拿出各种各样的泡菜来招待顾客。在韩国，泡菜相当于日本餐厅里的小菜，基本上是免费提供的。所以，看到泡菜饭团，韩国消费者就会产生“这是把本来不要钱的泡菜包在米饭里来赚我们的钱呀”的想法。

我们在当初得意扬扬地开始售卖辣椒腌制明太鱼子饭团的时候，也遭遇过同样的失败。辣椒腌制明太鱼子是对辣味食物情有独钟的韩国人喜爱的食物，在韩国非常畅销。当时，我们认为把辣椒腌制明太鱼子和日本的饭团搭配在一起，应该会畅销。然而，我们遭遇了重大失败。因为在韩国，人们会把辣椒腌制明太鱼子放入火锅里食用，不接受与米饭一起食用的方法。

想要改变一个国家民众的口味不是一件容易的事。我们以“我们的东西绝对好吃”“日本的东西非常棒”为由把自己的东西强加给别国的消费者，顾客是不会买账的。同样，出于某种食物在别国受欢迎的理由，我们就简单效仿也同样是危险的。这些可以说是我从那段失败的经历中得到的教训。

“美味”是具有科学性的

一次，我来到亚洲的某个国家，在机场购买了饭团。我品尝了一下，这个饭团难吃的程度简直令人吃惊。米饭的颜色也有点奇怪，有一些泛黄的感觉。虽然如此，饭团好像并不是因为变质了才泛黄的，而是厂家刚生产出来的时候就是这样的。

于是，我特意去生产那个饭团的工厂考察了一下。在那家工厂，可以说各方面都令我吃惊不已。首先，煮饭的环节就很奇怪。日本的一般做法是先将大米清洗数次，再进行浸泡，最后把大米煮熟。可是，那家工厂的做法是先浸泡，后清洗大米。这样做的话，附着在大米上的脏东西、米糠就会全部被大米吸进去。另外，煮饭的温度只有 75 ℃，按照这个温度很难煮出味道理想的米饭。那家工厂的做法与其说是“煮”饭，不如说是“炖”饭更恰当。在“炖”饭的同时，有位工人还不停地把大米上面的米汤舀出去倒掉。这样的话，本来应该浓缩在煮熟后的米饭里的精华全都和米汤一起被倒掉了。

米饭做好以后，那位工人往米饭上洒了些东西。我奇怪地问：“您在米饭上洒的东西是什么？”那位工人回答说：“是醋。”而且那是一种很黏稠的醋。正在我感到惊愕的时候，那位工人又向米饭里加入了某种黄色的黏稠物，据说那是蛋黄酱。因为当地处于高温高湿的气候环境中，那个厂家出于维持 5 天保质期的目的，在米饭里加入了这些东西。但是，我不觉得这样的做法做出的米饭会好吃。

最后在生产线上，女工们用手对米饭进行多次用力捏挤加工之后，硬邦邦的饭团就做好了。

用这样的方式做出的饭团还能算是日本饭团吗？退一万步说，不按日本饭团的标准生产也无所谓，只要当地的消费者认为这样的饭团“好吃”就行。然而，问题是当地消费者也并不觉得这样的饭团好吃。

那么，这样的饭团到底会给谁带来幸福感呢？

顾客每天光顾我们的便利店，都会因获得小小的幸福感而展开笑脸。我们就是秉承着这个宗旨而工作的。可是，吃到这样饭团的顾客，会有多少人能够展开笑脸呢？那个工厂的做法既不能使顾客感到可口，也不能给自己和便利店带来经济效益。这样的饭团可以说是对谁都没有好处的商品。

现在，日本许许多多的商品和服务跨越大海来到海外。在泰国等亚洲许多国家和地区，优衣库、无印良品、丸龟制面、大户屋、CoCo壹番屋等企业不仅为在当地居住的日本人所喜爱，而且已经发展成为当地民众所喜爱的品牌。

与此同时，因为坚信自己的商品一定会畅销而进军海外，在短短几年之后就无奈撤回日本的企业也不少。是哪里出了问题呢？我认为问题就出在日本企业在海外推出的商品是不是“真货”上。

我想说的并不是日本在口味、方法上绝对优于其他国家，所以必须贯彻到底。我们应该追求那些当地消费者认为可口的东西。在这个前提下，如果日本人引以为豪的日餐、日本产品能够被当地消费者接受的话，那当然是件令人高兴的事。

但是，有一件事我们绝对不能做，那就是“妥协”。人们会以“想要压缩一下成本”“想让保质期再长一些”“想要更接近当地产品一些”“想要强调一下日本特色”等各种各样的理由，推出似是而非的“妥协品”。这样做的话，即使我们在一段时间内受到欢迎，也是无法推出长期受到人们喜爱的商品的。

看一看前面我所提到的成功进军海外的日本企业的案例，我知道它们即使在当地市场提供针对当地消费者需求、口味的商品时，在生产产品方面追求“真货”的基本态度是没有任何动摇的。

在烤制用来制作三明治的面包时，即使我们把在日本使用的机器、食材运到当地，烤制出来的面包也会不同。日本面包厂家烤制出来的面包外表是金黄色的，里面像棉花一样雪白雪白，而在当地烤制出来的面包，可能是烤得有些过火的缘故吧，有时面包整体都会发黄。不过，有时也会有雪白的面包出炉。我问：“这是怎么做到的？”人们笑着回答：“我们加入了漂白剂。”

“美味”是具有科学性的：用酶清洗蔬菜，切菜时要考虑纤维的方向；选用高品质的大米，采用能够保留大米精华的煮饭方法；使用能够充分保留肉类、蔬菜精华的烹调方法、用盐方法；在包装食品时，注意不要把食材弄碎。“美味”不是依靠感觉，而是依靠科学和经验打造出来的。

正是因为人们以经验的形式把这些科学知识传承下来，才成就了日餐的“美味”。日本企业进军海外的时候，在材料、调味料、口味、喜好等方面要努力贴近当地消费者的需求，开发出受当地消费者喜爱的商品。然而，对于生产产品的原点、精神、知识、设备等这些基础性的东西，我们一定要毫不动摇地牢牢把握。

投诉会给我们带来新发现

经商的时候，无论我们如何努力追求完美，还是会接到顾客打过来的批评电话。接到商品有问题、员工的服务有问题等投诉时，我们难免会吓一跳，进而会愤怒地想："那个负责人是怎么搞的！"

然而，恰恰就在各种投诉之中，隐藏着让我们感知世上"变化"的信号。我们不应该忌讳投诉，而应该把它视为宝贵的东西。

以前，曾经发生过这样一件事。有一年的夏天，我们接到了一份来自顾客的投诉信息。顾客说在他购买的三明治里面混有头发。我们立即赶到生产那个三明治的工厂，要求工厂方面彻底进行卫生整顿。实际上，那家工厂还是很不错的，以前从没有发生过这样的问题。那么，为什么这次会出现问题呢？

原来，问题的原因是季节和人体的“变化”。夏季对于人体来说是一个成长的季节。到了夏季，我们的头发长得快，也容易脱落。出于卫生方面的考虑，工人们在工作时会戴上帽子。但是，夏季的时候，头发还是会在不经意间从帽子里掉落下来。

这件事告诉我们，某些工作方式即使在冬季没有产生什么问题，到了夏季却是有可能引发投诉的。我们的工作方式即使已经确定，但也不是最终版本。我们应该一直注意寻找其中的问题。通过这件事，我得到了这样有意义的教训。

不论是针对店铺还是针对本部的投诉，接到投诉的员工、店铺要把投诉内容原原本本地向上级汇报。这是一个基本原则。遮掩自己的坏消息，搁置投诉的做法难免会使企业丧失一个重要的改变机会。

一家企业对投诉处理得越慢，顾客对这家企业就会越不信任。实际上，便利店是以商品为媒介与顾客进行交流的。如果某款商品出了问题，这正是顾客与店铺不能正常对话的一个证据。对于顾客认为“很奇怪”“不好吃”的商品，我们还继续供应，这就相当于尽管已经陷入无法交流的境地，我们却还在滔滔不绝地唠叨着自己想说的话。

另外，在一家店铺被投诉的时候，我们需要考虑是不是集团内所有店铺都存在同样的问题。在某个厂家的商品被投诉的时候，我们需要对这个厂家的其他商品也抱着怀疑的态度进行调查，这一点非常重要。我们自己也要努力去发现有可能被顾客投诉的问题，根据实际情况立即做出停止销售的决定也是集团本部的重要职能之一。

如果我们发现某些商品有问题，就要立即面向集团内所有店铺认真地说明情况。我们的工作并不只是向顾客“销售”商品，也是代为销售厂家托付给我们的商品。因为我们不仅仅是用自己的资产在做生意，不能做不负责任的事情。以投诉的形式反映出来的“变化”不仅有可能危及我们公司内部相关人员的生活，还有可能危及其他许许多多厂家及相关人员、店铺经营者的生活。

投诉是一种交流形式，是顾客、店铺、本部之间针对问题进行确认的一种手段。当然，没有投诉是最好不过的了。但是，如果我们遇到投诉，就要拿出诚意来认真对待、解决。我们这样做既是当然的，也是重要的。

“朝令夕改”还是“朝令朝改”

应变能力是指，即使我们在一个小时之前刚刚做出的决定，当发觉决定有错误时，也要立即进行更正的瞬间的爆发力。

有这样一个词叫作“朝令夕改”，这是一个贬义词。早晨刚刚做的决定，傍晚就被推翻了。下属在面对领导时，会有一种“领导不要那样随意改变已经做出的决定”的想法，我完全可以理解他们的这种心情。

确实，公司上层在做决定时的朝令夕改，也是让我非常厌恶的。

不过话又说回来，如果遇到必须推翻已做出的决定的情况，我们以“都已经做出决定了”为由而搁置问题，不推翻已经做的决定的话，同样也是错误的。在我们的经营管理过程中，早晨刚刚做出的决定，过了几个小时就要撤回的“朝令朝改”的情况偶尔还是会发生。以前发生的这样一件事，更让我深刻地感受到了这一点。

在很长的一个时期，我养成了早晨 4 点起床，6 点多到达公司的习惯。在到达公司之前，我总是会走进两三家店铺逛一逛，看到有新商品，就一定会购买品尝。

有一次，正要购买一款新款盒饭的时候，我发现货架上摆放的盒饭的拼盘方式与我之前接受汇报时的内容完全不同。回想当初我接受汇报时，那款盒饭应该是一款令人赏心悦目的立体拼盘的盒饭。可是，我在货架上看到的实物，与汇报文件中的照片相去甚远，看起来一点也不好吃。

于是，我立刻做出将那款商品从所有店铺下架的指示。就这样，那天发售的那款商品，几乎在发售的同时就被下架处理了。

想必各位会认为我的这种做法有些极端。

各位会有“最起码应该在对实情进行确认之后再做这样的决定”“所有店铺都好不容易上了货，第二天再停止销售也可以吧”等看法吧。

然而，我当时没有那样做。

理由非常简单。

因为真的那样做，就是马后炮。

假设有这样一位顾客，他在我们店里买了一盒盒饭，吃过之后认为不好吃。他会想“虽说这次的盒饭不好吃，下次可能会有改善，还是再买一盒试试吧”，进而再给我们一次机会吗？

顾客如果买到过不好吃的盒饭，是不会再次购买的。

如果问题到此为止，那还算好。我们就怕顾客会对我们做出“这家便利店居然敢把这种水平的商品坦然地摆放在货架上！这家便利店售卖的其他盒饭也一定不会好吃”的评价。这样，区区一盒盒饭的问题，就会发展成为销售这款盒饭的所有店铺甚至整个集团的问题，而不只是那款盒饭生产厂家的问题了。

后来，经过调查，我们发现盒饭是配方有问题。那款盒饭的生产厂家确实是按照本部下达的配方生产、出货的。可是，由于配方的问题，生产厂家辛辛苦苦拼出来的美丽造型，在运输过程中变得面目全非了。

出于“都已经做出决定了”的考虑而不推翻已经做出的决定，可能会有好处，那就是不会给相关人员的工作带来混乱。然而，和体谅相关人员相比，我认为避免给顾客造成不良影响更为重要。如果我们因为体谅内部人员而造成顾客离我们而去的后果，到头来受害的还是我们自己。

对我们自己（或者是大家共同）做出的决定、说过的话、酝酿的想法，始终保持怀疑的态度，在惴惴不安之中不断前行可能就是我们的“工作”。

自己的厨房不托付给别人

当下，各大百货商场的境况都很艰难。百货商场这个红极一时的行业陷入困境之中。随着时间的推移，这个盛极一时的行业逐渐被人们疏远。为什么会这样呢？

首先让我们看一看日本零售业销售业绩前10的企业的变化吧。

1968年，在日本零售业销售业绩前10的企业中，除了大荣、西武这两家大型超市以外，百货商场占据了7个席位，这些百货商场是大丸、三越、高岛屋、松坂屋、西武百货商场、阪急百货商场、伊势丹，都是鼎鼎大名的百货商场，当时堪称是百货商场的黄金时代。人们历经战后恢复、经济高速增长期，用辛辛苦苦挣到的钱不断地购买新商品，过上了富裕的生活。在那个时代，百货商场是“富裕”的象征，对当时的人们来说，它们已经成为可以尽情享受购物、美食与休闲娱乐的综合性场所。那个时代，供人们娱乐的场所也确实比较少。

时间到了20年后的1988年，在日本零售业销售业绩前10的企业中，大荣、伊藤洋华堂、西友、佳世客等大型超市占据了前4名，实力犹存的西武百货商场、三越、高岛屋、大丸等位列第5名之后的席位。在这个拥有广阔卖场的百货商场、大型超市占主导地位的流通业里，7-11作为新的零售业态异军突起，跻身第7名。

又过了10年，到了1998年，在日本零售业销售业绩前10的企业中，百货商场只有硕果仅存的高岛屋了，其余众多席位被大型超市所占据。作为连锁便利店集团，7-11、罗森、全家也榜上有名。

到了 2015 年，我们迎来了控股公司的全盛时代。在日本零售业销售业绩前 10 的企业中，在控股经营方面取得成功的永旺、Seven & i 控股公司（Seven & i Holdings Co.,Ltd）（7-11 公司拥有该公司的大部分股份）分别位列第 1 位和第 2 位，迅销公司（Fast Retailing Co.,Ltd，优衣库为该公司旗下的主打品牌）、三越、伊势丹等也榜上有名。不断扩大销售业绩的全家、罗森维持了前 10 的优势。

在过去的半个世纪里，零售业的发展趋势发生了很大的变化。

2015 年，在日本，百货商场行业的市场规模是 6.8 万亿日元，便利店行业的市场规模已经远超百货商场而达到 10.9 万亿日元。人们预测，短期之内便利店行业的市场规模将扩大到 12 万亿日元。

为什么当年零售业的霸主——百货商场会衰落，而单个店铺的规模远远不及百货商场的便利店会取得如此迅速的发展呢？

在这里，我不想说百货商场、便利店孰优孰劣之类的话。

不过，有一点我认为可以指出的是，便利店是在不断应对时代的变化之中发展起来的。便利店因为卖场面积狭小，具有船小好掉头，比较容易进行细微的调整、改变等优势。通过在全日本各地设置店铺，自主构建起如同毛细血管的细密的物流网络，便利店取得了非常大的优势。

在这个世界上，人们的生活方式是在不断变化的。经济形势会发生变化，人们的思维方式也会发生变化。这些变化都是我们无法阻挡的。我们能否一一应对这样的变化呢？下一个阶段消费者的需求在哪里呢？我们需要发挥灵活应变能力，追踪这些问题的本质并以商品的形式回答这些问题。

过去，人们都希望得到那些价格昂贵的知名品牌商品、高品质耐用的商品。因为在那个时代，人们对廉价商品有一种“便宜没好货”的观念。

然而，近年，价格低廉但是品质良好的商品也相当多。在西式服装这种每年潮流都不同的领域，快速时装非常流行，尤其深受女性的欢迎。在西式服装、家具、寝具、厨具、家居用品、饰品、鞋、食品、餐饮等各个领域，人们的选项越来越丰富，人们不必花很高的价格就完全可以买到需要的商品。面对拥有多种多样的消费场所的现代人，各大百货商场在围绕如何发挥自身优势方面进行着各种各样的努力。

日本的百货商场有这样一个陷阱。各大百货商场都拥有宽阔的卖场，顾客可以在这里选购来自全世界的高品质商品。这本来是百货商场的一个优势。然而，在经营环境恶化时，各大百货商场需要对巨大的卖场做出大幅调整。可是此时，各大百货商场有可能无法自由地施展灵活应变能力。因为各大百货商场平时会把卖场分租给许多品牌的经营者，如果需要对卖场进行大幅调整，就会出现自己的决定无法迅速得到贯彻的问题。

作为一名厨师，如果把自己的厨房托付给别人，遇到什么情况的时候，就会陷入连菜刀、锅、酱油在哪里都不知道的境地。在这样的情况下，烹饪就无从谈起了。

当然，在我们的事业扩大到一定规模的时候，有可能不得不将一部分业务外包出去。在一个人无法完成进货、烹饪、待客、收款等工作的情况下，我们可以雇人完成具体的会计工作、销售工作，也可以把工作委托给其他公司。现在，在零售业，物流工作的外包程度就越来越高。

然而，如果我们把外包当作时代的潮流，不论什么业务都委托出去，遇到特殊情况的时候，可能就无法根据实际情况进行灵活处理了。在超市行业，那些自己制作熟菜、自己销售的超市非常具有竞争力。在这方面，我也进行了不少“侦查”工作。有几家超市的熟菜不论什么时候食用都非常可口，实在是令人佩服。这样的超市无一例外都是对商品开发亲力亲为的超市。相反，那些简单地认为“顾客在超市里买熟菜只是出于流行而已”，而简单地把熟菜业务委托给租赁商家的连锁超市现在都陷入了经营困境。

“外包”这个词虽然听起来是很符合时代的潮流的，但是我们使用外包的时候必须要注意。我们要对“可以外包出去的业务”和“无论多么麻烦，都必须自己完成的业务”进行明确的划分，对于那些我们视之为自己的命脉、自己的厨房的关乎我们生意基础的东西，必须依靠自己的力量去开拓。

2025 年问题

我有一个男性朋友，他一个人住在一所大房子里。虽然他家里有漂亮的厨房，二楼也有卧室，但是他常常在一楼的客厅里度过一整天。他不会去孩子们曾经生活过的二楼。如今，已经失去了妻子的他的生活空间就仅限于客厅了。报纸等所有需要用的东西都摆放在沙发周围。当然，他不会走进厨房，餐食完全依赖外食和中食。

他这种情况绝对不属于什么极端的事例。连有体力的独居年轻人自己不做饭的情况都越来越多，就别期待老年人会特意去商店购物，然后拎着沉重的食材回家，再长时间地站在厨房里做饭了。除非他是个特别喜爱烹饪的人。许多老年人，过着依赖简捷的中食、外卖的生活。

在现在的日本，“2025 年问题”成为人们热议的话题。过不了几年，拥有大约 800 万人口的“团块世代”[①]的年龄都将超过 75 岁。届时，在日本，65 岁以上的老年人将占总人口的三分之一。

通过辛勤工作为所属公司乃至日本社会做出贡献的团块世代，凭借其庞大的人口规模，掀起了经济高速发展的巨大浪潮。也恰恰因为团块世代的人口规模巨大，他们全都老迈之后，就出现了医疗费问题、退休金问题、护理问题等亟待解决的众多社会问题。随着医疗技术的发展，人们变得越来越长寿了，这当然是一件可喜的事情。但是，支撑团块世代的年轻人的数量

① 团块世代是指日本在 1947 年到 1949 年之间出生的一代人，也是日本在第二次世界大战之后的第一次生育高峰时出生的人口。在日本，团块世代被人们视为 20 世纪 60 年代中期推动日本经济飞速发展的中流砥柱，具有雄厚的消费实力。——译者注

非常有限，这确实也是一个问题。

近些年，同为老人的妻子护理患有阿尔茨海默病的丈夫的“老人间护理”事例、正值壮年的儿子为了照顾父母而不得不从公司辞职的“护理辞职”事例越来越多。我曾经看过这样一个报道，有一位家庭主妇不仅需要照顾家人，还要照顾年迈的双亲，护理婆婆，最后因分身乏术得了忧郁症。

现在，政府向社会呼吁构筑地区全方位护理体系。政府希望人们上了年纪之后，不要住进养老院，而是尽量在自己住惯了的地区的家里度过余生。因为养老院既缺乏护理人才又缺乏足够的资金，所以政府希望各个地区、各个家庭能够努力做好老年人的护理工作。

在自己的家里度过余生确实是一件很理想的事，对本人来说，可能也是最幸福的选择。然而，对于在家照顾这些人的人来说，无论在肉体上还是在精神上都要承受相当大的负担。一个人除了要从事家庭内部的保洁、洗衣、做饭、照顾家人等工作之外，还要照顾患有阿尔茨海默病或者行动不便的双亲。这几乎是不可能的事。不论如何努力，一天也只有 24 个小时，人又不是机器人，是会感到疲劳的。有一些事情是我们无论如何努力，即使拼命都无济于事的。

内阁府[1]、厚生劳动省（负责医疗卫生和社会保障的主要部门）、经济产业省（提高民间经济活力，使对外经济关系顺利发展，确保经济与产业得到发展，使矿物资源的供应稳定且保持效率）所提倡的地区全方位护理系统中设定的“地区”大致相当于中学学区。也就是在徒步30分钟的范围内，设置住宅、医疗机构、药店、护理机构、生活服务机构，用于满足该地区内老年人对服务的需求。这些机构中绝对包括便利店。

据说未来在日本，65岁以上老年人的市场规模将达到100万亿日元。在其中占51%的是与生活相关的产业，其余的是与护理和药品相关的产业。在生活相关产业中，与饮食产业相关的市场规模是20万亿日元。也就是说，在老年人市场中，“饮食”将占据首位。

参与到这个市场之中，已经成为各大连锁便利店集团的一个目标。伴随法律的修订，便利店也被允许向需要护理的人员提供送餐服务并收取送餐费。现在各大连锁便利店集团都在围绕未来便利店力所能及的事务，而展开摸索和试验工作。

---

① 日本内阁府由日本总理府、经济企划厅、冲绳开发厅合并而成。主要负责日本的经济财政，科学技术，防灾政事，冲绳以及北方政策，共生社会、国民生活等关系国计民生的事务。——编者注

坦率地说，现在还不是考虑利润的时候。今后，这些生意都是社会所需要的，这一点是毫无疑问的。面对这个巨大的市场，即使不是便利店这个载体，也有许多其他载体；即使不采用连锁经营的方式，个体的店铺和服务也能够应对人们更加具体琐碎的需求。这其中重要的是，要有创意和诚心。

今后，不论是东京中心地区还是边远的地方，孤单的老年人越来越多。想象一下自己上了年纪，开始独自生活，出行变得困难的时候，自己需要怎样方便的护理、服务、可利用的体系，我们可以发现许许多多的可能性。

磨炼应变能力

前几天，我准备去吃午饭，走在新宿的大街上，偶尔听到几个高中生“咱们去酒馆吧”的议论声，我感到非常吃惊。然而，断断续续地听完她们的对话之后，我才明白，原来她们是在议论去酒馆吃午饭的事。

现在在日本，酒馆仅仅依靠晚上的利润难以为继。于是，一些酒馆开始向客人提供健康的日式午餐，还有一些酒馆为了吸引带着孩子的顾客晚上光顾自己的店，把雅间改装成了儿童房。

一天早上，我走进位于新桥的一家吃茶店，虽然时间还比较早，店里却已经坐满了商务人士，他们大多都在低头学习。这一幕令我感到惊讶不已。

从一个24小时营业的便利店行业从业人员的角度来看，我感觉夜里走在大街上的行人比以前少了。现在，无论政府还是企业都在讨论“工作方式改革”。实际上，这种改革在我们的社会生活中已经有所体现。以往夜里很晚还在娱乐或在大街上闲逛的人，现在早早地回到家里，按时睡下，进而在早上利用上班前的时间或在吃茶店里学习或在健身房里健身。我感到整个日本社会正在一点一点地从以往的夜晚型向早晨型转变。

现在由于脸书等社交媒体的出现，人们无须和朋友见面，即使宅在自己的房间里也能和朋友快乐地保持联系。家庭餐厅、酒馆都陷入了困苦的境地。这种情况和整个日本社会的变化是有很大关系的。

每当和集团公司的领导进行交谈的时候，“我们的企业是不是跟上了社会变化的脚步”这个问题是他们中许多人共同关心的问题。

一家企业只要能够紧跟世界的“变化”、消费者的“变化”，就能一直保持繁荣状态，就能一直维持良好的销售业绩和利润水平。

然而，一旦针对“变化”的应对措施发生了滞后，要想弥补这种差距，不是一件容易的事。眼看着差距越变越大，要想挽回这种差距，就需要付出相当大的牺牲和努力。

以往的经历会变得毫无用处，这一点实在令人感到恐惧。成就一家企业繁荣的基础如果发生了“变化”，那这家企业的成功秘诀、要领、方法就会变成没有用的东西，这家企业就必须从零开始创造全新的方法、开拓崭新的市场，打造企业的价值。

与从零开始相比，改革更加困难

前几天，在和人闲聊的时候，有人问我：“本多先生，要是有一天有人把家庭餐厅改革的工作托付给你，你会怎么做呢？”其实，问这个问题的人和我对家庭餐厅都很外行。

然而，出乎我的意料，家庭餐厅的改革是件很难的事。和改变一个已经成熟的结构相比，从零开始构思一个新型的店铺、服务要容易得多。对于家庭餐厅来说，“面向家庭”是一个需要突出强调的特色。所以，儿童也能享用的菜品是不可或缺的。身处这个少子化的时代中，为口味已经变得很刁钻的成年人提供货真价实的菜品也是必不可少的。我们既不能辜负那些满怀期待的顾客群，同时还要开发新的顾客群。

必须避免实施全面改革之后，原来的顾客却离我们而去，而新的顾客群没有形成的局面。位于银座的高档日式餐厅因为换了厨师，原来的顾客为了寻求原来的味道就会追随那位厨师去光顾新的店。于是，这样的高档日式餐厅就经常会陷入门可罗雀的境地。那么到底怎样改革，才能让新的顾客群产生“真想去看看”“还想再来”之类的想法，让原来的顾客群产生“这里变得更好了”的看法呢？

我认为关键词就是“差别化”。出于现在人们在家庭餐厅就餐的机会越来越少这一理由，认为顾客能用还算便宜的价格吃到还算可口的东西就好，能让顾客在店里多坐一会儿就好，店里稍稍有些吵也没关系，类似这样的想法是无法打动消费者的心的。重要的是让顾客产生“强烈的光顾店铺的想法”。让顾客产生“不在家里吃饭，不在附近便宜中餐厅吃饭，不在回转寿司店吃饭，而去这家家庭餐厅吃饭”的强烈动机是必不可少的。

在前面我曾经讲过“逐款管理商品”的内容。道理也是一样的。人们想去家庭餐厅的时候，实际上心里是有“去××家庭餐厅”的想法的。

顾客光顾某家店铺的必然性是什么？我们不知道，但是这家店的店主必须对此加以思考。或者是提供的菜品特别美味，或者是强调完全采用有机蔬菜的健康饮食的概念，或者虽然是家庭餐厅却能提供丰富的酒品，或者能够提供包间来满足顾客想要安安静静用餐的需求，或者更加突出店铺的娱乐特色。

我们需要的差别化不是仅限于“看起来很有趣”“和别的店铺不一样”等层面的差别化，我们需要在锁定明确的顾客群之后，对店铺的概念加以思考。在我们周围，使用有机蔬菜的餐厅、酒品供应丰富的酒馆到处都是。这些店铺与自己的店铺到底有什么区别呢？对于顾客来说，不去那些店铺而光顾自己店铺的意义在哪里呢？针对这一点的思考也非常重要。

在我们自己想要改变的时候，越是拥有许多员工的大企业越不容易改变。在我们从山坡上滚落下来的时候，要想站稳脚跟，进而重新向上爬是一件极为困难的事。

世界上的“变化”是以难以觉察的形式不断发展的。如果某一天某个变化突然发生了，我们针对这个变化采取对策，可能还比较容易。实际上，“变化”总是一点一点地悄无声息地逼近我们，到达我们身边的时候已经变得非常巨大了。这一点实在令人感到恐惧。

我们必须锻炼觉察变化的能力。变化就体现在日常生活中极为琐碎的对话中、街上的风景中、人们的姿态中。

所以，我多次强调“应变”“追踪日常的细微变化”的重要性。如果我们没能觉察到昨天的“变化”、今天的“变化”，而在一个月、半年甚至一年之后才觉察到这些变化的话，那就为时已晚了。

后　记

前几天，我去中国的时候，造访了一家便利店。这家店铺所属的连锁便利店集团是由当地的年轻人创办的。这个连锁便利店集团虽然现在旗下只有 300 多家店铺，却以每月 30 家的速度在发展新店。这是一个快速发展中的便利店企业。

年轻人自己思考店铺的概念，自己手工制作各种器具。他们群策群力投身店铺经营的情景令我感到欣慰。这家店铺的日营业额相当高。我走进这家店铺的瞬间就被它迷住了，在心里称赞“这是一家非常棒的便利店”！

虽说店内的器材是手工制作的，但店铺在清洁度和亲和度方面的工作非常到位，食品的丰富程度简直令人吃惊。店内烹饪好的美味的熟菜以自助的方式提供给顾客，这样顾客可以自己任意选择盖在米饭上面的菜品。这种做法是这家店铺受到顾客欢迎的秘诀所在。

这家店铺所属的连锁便利店集团严格贯彻了便利店行业的

基本战略，即支配性选址战略。为了保证工厂、仓库、店铺之间物流的高效运转，连锁便利店集团在发展新店方面实施步步为营、逐步扩大的方针。也就是说，在一个地区完美地完成发展新店工作之后，再进入另一个地区，这样做可以将物流费压缩到最低水平。严格对新店发展地区加以限制，谨慎地扩大新店数量是这个连锁便利店集团的一个成功秘诀。

看着这家店铺，我脑海中不由得浮现出 40 年前自己年轻的身影。在当时的日本，便利店行业还处于发展阶段，我也是夜以继日地不停地做试验，忘我地奔走于仓库和店铺之间。我感到我那时胸怀的同样的热情也洋溢在这家店里。

后来，我和这个连锁便利店集团年轻的创业者进行了交谈。他在投身便利店行业之前，也曾遭遇过数次失败。他说已经记不清这次是第几次挑战了，但是抱着背水一战的想法，终于使自己的事业走上了正轨。

在与他的对话之中，有两点令我感到非常惊异。第一点是这个连锁便利店集团旗下店铺的店主是清一色的大学毕业生。当然，便利店的店主不一定非要读过大学。在亚洲其他国家和地区，来自地方的务工人员担任店主的情况比较多。而在中国，大学毕业后去海外取得MBA学位的人争着想做便利店店主，这实在是非常少有的事。据说现在有好几百人想当店主，这一点给来自缺乏人才的日本的我留下了深刻的印象。

另一个令我感到吃惊的地方就是，虽说店里各种功能齐全，却没有设置ATM。当我问他店里为什么没有ATM的时候，他微笑着说："本多先生，现在在中国大约80%的人是使用智能手机完成支付的，根本不需要ATM。"

他的一席话令我茅塞顿开。面对来自日本便利店行业的专家，他虽然嘴上没有说出来，但是心里一定在想："日本人落后啦，现在竟然还要我们在所有便利店引进ATM。"对他们来说，引进ATM的投资只是过剩的设备投资而已。

在这里，我看到了日本便利店的过去和未来，过去我们心中的热情和无限的潜力、未来应具备的服务的样子。

日本无论在商品还是在服务方面都实现了高度发展。日本恰恰是因为被过去的这种成就所束缚，很难在未来的发展中捷足先登。反过来从零开始，构建理想的店铺，推出理想的服务，却比较容易。在这方面，我也感受到了这些年轻人头脑的灵活。

最近在日本，在新闻中常常会报道物流服务领域的过劳、成本等问题，围绕费用、工作方式改革的讨论也非常热烈。以往，我们不在家的时候，如果快递员把快递送来了，我们不会考虑快递员的劳动负担，都很想当然地要求快递员再次为我们配送。其实，如果快递员配送两三次的话，不仅费事还要花时间，收取额外的费用也是理所当然的。

我们可能过于习惯“便利性”了，现在应该到了对“真正需要的事物”和“可以忍受的事物”之间的界限进行重新思考的时候了。对于以日本、韩国、中国为代表的许多国家来说，少子老龄化已经成为社会问题，在这些国家里，已经没有足够的劳动力去无限制地满足消费者不断膨胀的需求了。

我认为现在，我们整个社会都应该针对“便利性到底是什么”“我们真正需要的东西是什么”“劳动者和消费者双方都能获得幸福的工作方式是什么”等问题进行重新思考。

人们经常会问我将来的便利店是什么样的。

坦率地说，我自己也不知道。然而，我感到不只是便利店，整个社会应该会变得比现在更加简单。

我们需要把力量集中到真正需要的事物上，对那些能够忍受的事物、过剩的服务不断进行削减。这可以算是构筑可持续发展社会的一个策略吧。

我们便利店做的是 24 小时为消费者提供服务的生意。便利店是以为人们的日常生活提供支持为己任的。在这个行业里摸爬滚打 40 多年的我，对做生意的基础性的东西有一些心得。这些或许对其他领域也是有用的。出于这个想法，我写下了这本书。

让我们共同努力推出让劳动者、顾客双方都感到愉悦的商品和服务，为人们的日常生活带来更多的轻松、快乐、感动和喜悦吧。在这方面，如果各位阅读了这本书能够获得点滴启发的话，我会感到无比荣幸。